航空競争と空港民営化

アビエーション・ビジネスの最前線

関西学院大学産業研究所［編］

関西学院大学出版会

航空競争と空港民営化

アビエーション・ビジネスの最前線

はじめに——航空と空港の良好な発展のために

野村　宗訓

1　航空自由化後の競争状況

わが国では参入規制が緩和されたことにより、一九九六年にスカイマークと北海道国際航空（エアドゥ）が新規参入を目的として会社を設立し、九八年に前者が福岡—羽田便を、後者が札幌—羽田便を就航させました。その後、九七年にパンアジア航空（現在はスカイネットアジア航空：ソラシド・エア）、二〇〇二年に神戸航空（現在はスターフライヤー）という別の新規参入者も現れました。これを第一期新規参入ブームと捉えることができます。

これらの新規参入者と大手キャリアである日本航空（ＪＡＬ）と全日空（ＡＮＡ）との間で競争

表1　第1期新規参入者の主要株主

航空会社	主要株主	所有比率（%）
スカイマーク	西久保愼一	30.57
	エイチ・アイ・エス	7.72
	日本マスタートラスト信託銀行	3.24
北海道国際航空	日本政策投資銀行	32.49
	全日本空輸	13.61
	双日	10.00
	北洋銀行	5.00
	石屋製菓	4.25
	楽天	4.25
	北海道空港	3.40
スカイネットアジア	日本政策投資銀行	27.75
	宮交エアグランドサービス	23.97
	全日本空輸	8.56
	米良電機産業	6.72
スターフライヤー	全日本空輸	17.96
	TOTO	4.88
	安川電機	3.16

（出所）各社の有価証券報告書に基づき筆者作成。

が展開されると期待されたのです。参入者は既存二社と対抗する料金を設定したのですが、十分な機材やスタッフを持てなかったので、必ずしも経営成果を上げることはできませんでした。マイナス要因として、ブランド力の差や混雑空港での発着枠の入手困難性などの点も指摘できますが、燃料費高騰や経済不況による悪影響もありました。

新規参入者の主要な株主は、表1のように示されます。設立当初はすべて独立系でしたが、現在はスカイマークだけです。エアドゥは二〇〇二年に民事再生手続開始の申立てを行い、ANAと「提携協議に関する覚書」を締結しました。スカイネットアジアは〇四年に産業再生機構による支援を受け、〇五年からANA

と業務提携をしています。スターフライヤーはＡＮＡと〇七年からコードシェアで協力関係を結びました。同社の筆頭株主は、一二年に米国のファンド会社DCM IV, L.PからＡＮＡに代わりました。

一九九〇年代末から航空自由化が制度的に導入されたにもかかわらず、事業者間の競争は有効に機能したわけではありません。わが国の地形が串状であり、航空輸送の利用者が都市部に集中している点から、多様な路線で競争を展開するのが難しいという事情もあります。参入者のみならず大手既存キャリアも、航空需要の低迷によって苦境に立たされ、減便や路線削減が相次いだために、利用者が自由化の恩恵を享受できたとは言えません。

2　レガシーによるＬＣＣ創設

近年、欧米のみならずアジア太平洋地域でもＬＣＣが成長してきたことから、わが国でも独自のＬＣＣを育成する必要性が認識されるようになりました。二〇一一年にピーチ・アビエーション、エアアジア・ジャパン、ジェットスター・ジャパンの三社が出現したのは周知の通りです。これらの親会社は表2に示される通り、既存二社のいずれかの出資を受けているので、競争関係が生まれるのかという疑問もあります。

第二期新規参入ブームの三社すべてが、外国キャリアから出資を受けているところは共通の特徴

表2　第2期新規参入者の親会社

航空会社	親会社	所有比率（%）
ピーチ・アビエーション	全日本空輸	38.7
	ファースト・イースタン・アビエーション・ホールディングス	33.3
	産業革新機構	28.0
エアアジア・ジャパン	全日本空輸	67.0
	エアアジア	33.0
	（注）無議決権株式を含めると、全日本空輸 51%：エアアジア 49%	
ジェットスター・ジャパン	日本航空	33.3
	ジェットスターグループ	33.3
	三菱商事	16.7
	東京センチュリーリース	16.7

（出所）各社公表資料に基づき筆者作成。

です。しかし二〇一三年六月に、ＡＮＡはエアアジアとの共同事業を解消する見解を表明しました。それに代わり、成田を拠点とする一〇〇パーセント子会社のＬＣＣ「バニラ・エア」が誕生しています。親会社で注目されるのは、ピーチ・アビエーションの株式を保有するファースト・イースタン・アビエーション・ホールディングスが香港に拠点を置くファンド会社である点です。

新規ＬＣＣは関空と成田を拠点にしていますが、欧州の大手ＬＣＣのように多数の拠点作りに成功しているわけではありません。機材保有数も少ないために、路線を柔軟に増設・変更することが難しい状況です。割安な料金で利用者を惹きつけようとしているので、親会社にも刺激を与えている点では、一定の評価はできますが、まだ利用者の選択肢が広がるほどの路線数は設定されていません。

国際線に関して、ピーチ・アビエーションが関空からソウル（仁川）、香港、台北（桃園）の路線を持っていますが、このようなアジア圏内の路線が増えてくると、他国のLCCによる日本路線の料金競争も起きてきます。将来的には機材を増やし、拠点空港も複数にすることにより、インバウンドとアウトバウンドの両面で新たな需要を発掘することができる可能性もあります。

ANAは第一期新規参入ブームで誕生した三社（エアドゥ、スカイネットアジア、スターフライヤー）と第二期の二社（ピーチ・アビエーション、バニラ・エア）の合計五社と所有関係でつながっています。それ以外に、国内地方路線を中心とするANAウイングスと、アジアのリゾート路線専門のエアージャパンという一〇〇パーセント出資の連結子会社も存在します。複数の子会社を持つ戦略は相互に役割分担がうまくできていれば、グループ全体の収益にプラスになりますが、利害の調整には困難が伴うことも考えられます。

第二期のLCCには大きな期待がかけられていますが、路線数増大や料金低下を実現させるためには空港改革が伴わないと、レガシーの単なる分社化で終わってしまいます。第一期で誕生したキャリアや他国LCCが、夜間時間帯やセカンダリー空港を有効に活用できる環境を整えるだけではなく、レガシーによる地方路線の充実を図らなければ、潜在的需要の開拓は不可能です。また、アジア圏内における労働移動の自由化や共用空港の積極的活用など、省庁の壁を越えた規制緩和の検討も不可欠となっています。

3　空港民営化と改革の方向性

わが国には約一〇〇の空港が存在しますが、そのほとんどが国管理、地方自治体管理、共用空港という形態をとっていますので、実質的には公有企業とみなすことができます。成田、中部（セントレア）、新関空（伊丹を含む）の三空港については、例外的に株式会社形態が採用されています。しかし、成田と新関空の株式はすべて、政府によって保有されています。また、中部の株式に関しては、政府、愛知県、名古屋市で約四九パーセントを占めています。このように、わが国の空港運営は事実上、公的管理に置かれているのが実態です。

過去に個別空港の収支状況について、正確に把握されていなかった点が批判されています。その理由の一つとして、ターミナルビルを中心とする商業施設（上）と滑走路・誘導路・エプロンなどの基本施設（下）が異なる主体によって運営されてきた点が指摘できます。前述の株式会社形態をとる三空港だけが、「上下一体」方式で運営されていますが、他の空港のターミナルビル会社は滑走路を所有する主体とは分離されています。

米国では地方自治体の経営が一般的ですが、個々の空港経営の自律性が重視されています。それとは対照的に、英国では一九八六年空港法に基づき、すべての空港が株式会社化されました。外国企業が関与するケースや、ファンド会社が出資しているケースも見られ、所有形態は多様化しています。また、地理的に離れた複数の空港が一つの会社によって運営され、財務面で支援しあっているケースもあります。

例えば、乗降客数が最も多いヒースロー空港の所有者は、スペインの建築会社であるフェロビアル社が大株主で、英国内で四空港を持つ大企業です。また、金融街に近いロンドン・シティ空港の運営者であるグローバル・インフラストラクチャー・パートナーズ社の株主は、米国の航空機エンジンメーカーであるGE社とスイスの金融会社です。同社は潤沢な資金を活用して、ガトウィック空港とエディンバラ空港をも買収しています。

更に、マンチェスター空港を運営するマンチェスター・エアポーツ・グループの株主は、マンチェスター市と近隣の九自治体ですが、四空港を運営しています。同社は二〇一三年一月に、LCCの拠点であるスタンステッド空港を、オーストラリアのファンド会社と協力して買収しました。このように英国では、自治体所有であっても外国企業とともに戦略的な行動をとれる点から、空港会社に経営の自由度が与えられていることがわかります。

わが国では二〇一三年六月に、「民活空港運営法」と呼ばれる「民間の能力を活用した国管理空港等の運営等に関する法律」が成立しました。同法に基づいて、「公共施設等運営権」（コンセッション）を通した空港の民間委託が可能になったのです。英国と比較すると、四半世紀以上の遅れが見られますが、わが国でも民間委託に基づく空港民営化を進めていく予定です。二〇一四年に計画されている仙台空港のコンセッションは、その最初の事例になると考えられています。

英国の経験からも明らかなように、民営化のプラス効果は単に株式を売却するだけで実現するわけではありません。重視すべきは、個別空港の運営面での自律性を保証することです。所有権は自治体に残す場合や、民間企業が他国企業と協力関係を構築する場合など、ケースバイケースになりますが、共通するのは収益向上につながる方策を実践することです。エアラインとの弾力的な条件交渉や二次交通・観光施設などの運営主体とのコラボレーションを通して、「選ばれる空港」を目指すことが求められています。

4　空港運営の課題と将来性

航空自由化は一九八〇年代から世界的に推進されてきましたが、なお国際的に政策調整が必要な点も残されています。言うまでもなく、キャリア間の公正な競争を確保する上で、空港運営が極めて重要な性格を帯びています。とりわけ、①発着枠（スロット）配分、②グランドハンドリング、

③路線設定について、どのように決定されるのかが大きな論点となります。これらの決定に関して、国内線レベルで既存キャリアと新規参入者の間で、また国際線レベルで自国と他国のキャリアの間で、公平な条件が整備されているかが問われています。

わが国では、成田、羽田、関空、伊丹が航空法の施行規則において混雑空港として指定されています。国際線に関する発着枠については、国際線発着調整事務局（ＪＳＣ）が一般財団法人日本航空協会の下で、成田、羽田、関空、新千歳に乗り入れるキャリアのスケジュールを調整しています。調整作業は、航空会社のスケジュール作成者（スケジューラー）と空港のスロット管理を担当する調整役（コーディネータ）との間で行われます。それは世界共通の国際航空運送協会（ＩＡＴＡ）のガイドラインと各空港独自の状況を考慮したローカルガイドラインに基づき、中立性・公平性・透明性の観点から判断されます。

国内線に関する発着枠配分については、羽田空港発着枠の拡大時に、配分基準検討小委員会や検討懇談会と称する会議体で、その都度、裁量的に決定されてきました。長期的視点に基づく客観的で普遍的な判断基準が存在しないために、配分方法についてはマスコミを中心に「争奪戦」と表現されることもあります。わが国では、レガシーとしてＪＡＬとＡＮＡの大手二社が存在するために、発着枠配分の問題は注目されていますが、国際線と同様に中立性・公平性・透明性に基づく判断が必要と考えられます。

新規参入者にとっても、混雑空港における発着枠の確保は深刻な問題であることは言うまでもありません。更に、航空機のプッシュバックや手荷物の仕分けなどのグランドハンドリングと呼ばれる地上業務が、すべてのキャリアに対して公平に提供されていないと、参入阻止要因となってしまいます。一般に、キャリアから独立したグランドハンドリング会社が存在していれば、キャリア間の競争が機能します。この業務についての実態はあまり明らかにされていませんが、航空自由化を促進する上で今後も議論を深める必要があります。

キャリアがどの路線を設定するかは、乗り入れる空港の発着枠がとれるかどうかと、国際線の場合には相手国との二国間交渉が成立しているかに依存します。それらの条件をクリアしていれば、国内線であれ国際線であれ、キャリアと空港運営者との間での交渉によって決められるべきものです。これまで空港運営主体が公有企業であったために、路線の開設や変更は基本的に、国土交通省や地方自治体によって決定されてきたものと理解できます。また、共用空港では防衛上の判断から制約が加えられていたところもあります。

しかし、二〇一〇年に公表された成長戦略では、今後、「民間の知恵と資金」で空港を運営することが推奨されています。従って、路線決定に関しては個別空港とキャリアが交渉することで、キャリア間の競争が促進されると同時に、空港の収支改善にもつながります。特に、国際ＬＣＣの誘致は利用者層の拡大をもたらし、多頻度運航が定着しますので、好循環が生まれると考えられます。

目次

第1章 航空業界を取り巻く環境とJALグループの戦略について

1　はじめに

中原　皆さん、こんにちは。今ご紹介頂きました、日本航空の中原と申します。どうぞよろしくお願いいたします。今日はこういうすばらしい機会を頂きましたので、我々、航空業界の今の状況と、それに加えて、私がおります日本航空の戦略について、これから日本航空は何をやっていきたいのかということを少し皆さんにご紹介させて頂ければと思っております。

私は、野村先生のように学者ではございませんので、ご質問があれば途中でもかまいませんので、気楽に何でもおっしゃってください。わかりにくいところもあると思いますので、ぜひ気軽に聞いて頂いて、我々のことをご理解頂ければと思っております。

我々の仕事であるとか、あるいは就職に関してもお話しできればと思っていますけれども、私自身は総合職事務系という職種で入っております。今は、わが社で業務企画職と呼んでいます。業務企画職の場合は三年に一度ずつぐらい異動がありまして、フィールドは世界中ということで、あらゆる場所であらゆる業務に従事する可能性があるという職種であります。私もブラジルのサンパウロ支店に五年間勤務して、南米大陸全体を管轄エリアとして働いた経験があります。

関学出身の学生の方も毎年のように入ってこられまして、今、私の部署にも一人、関学出身者がおります。興味があればぜひ業務企画職にも挑戦してみて頂ければと思います。職種については、客室乗務員のことであるとか、そういった情報をご紹介させて頂きたいと思っております。

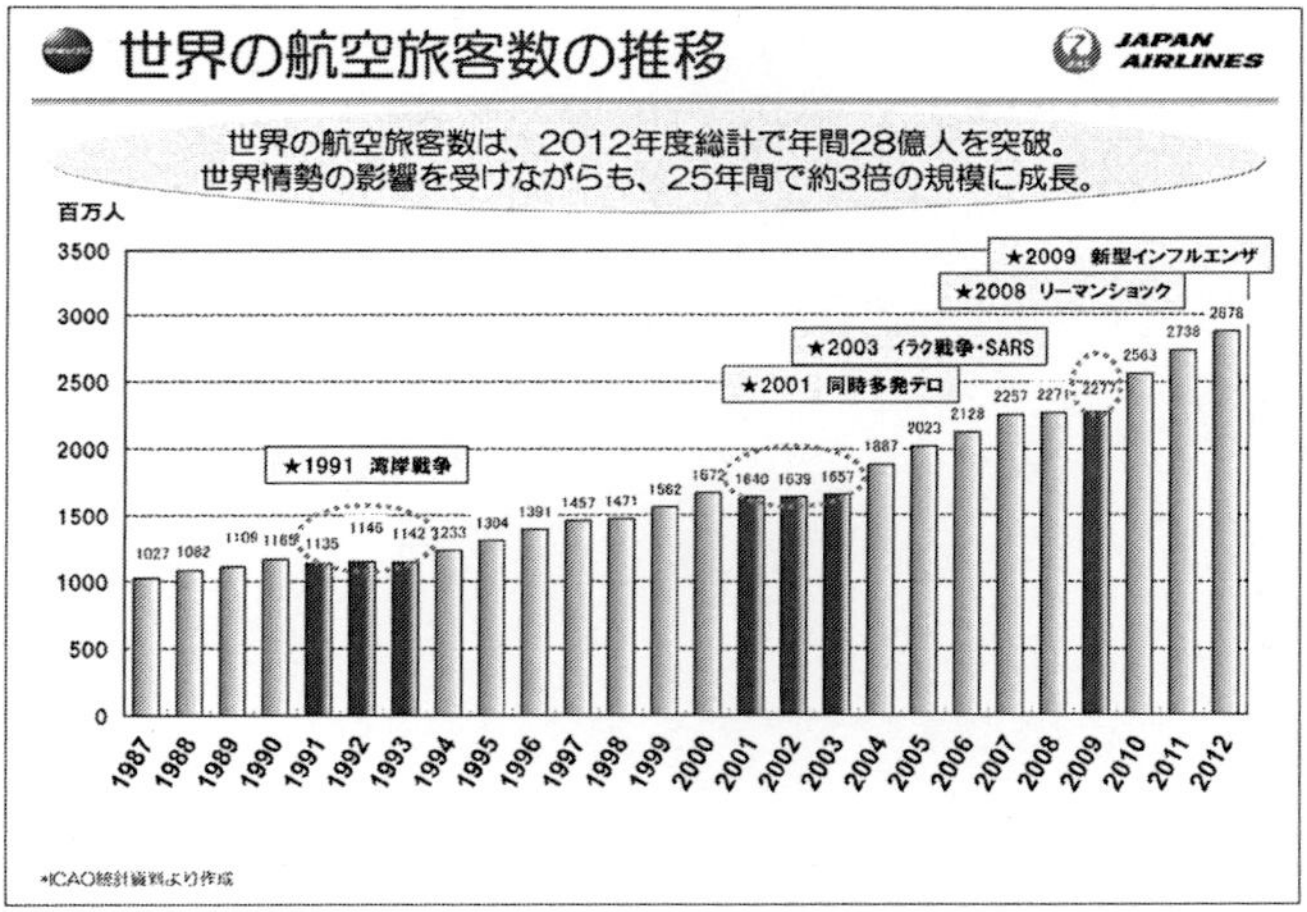

2　航空業界を取り巻く環境

それでは早速、内容に入っていきたいと思います。まずは、航空業界を取り巻く環境についてということです。

航空旅客数というのは、図：世界の航空旅客数の推移を見て頂くとわかるように、右肩上がりで増えております。ここ二五年間で三倍の旅客数になっている。現在は、年間二八億人の方が航空機を利用するという状況になっています。

では、世界の中でどこの空港の利用者が一番多いのかということを参考に示してみました（図：空港別航空旅客数（２０１２））。世界で一番利用者の多い空港は、アメリカのアトランタ空港です。数にし

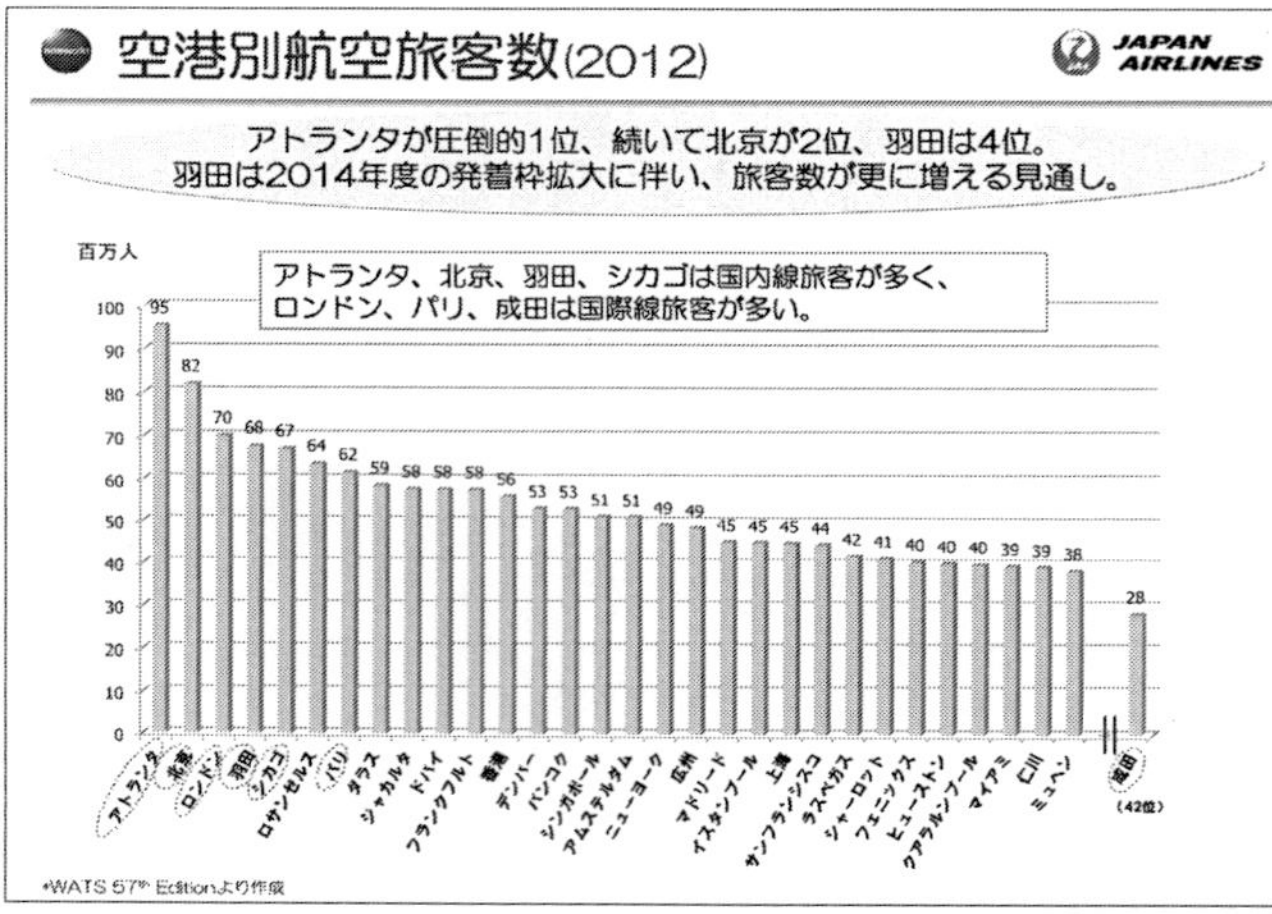

て約九五〇〇万人、大変な数のお客さまです。アトランタから北京、ロンドン、そして次が日本の羽田空港です。羽田空港の場合はほとんどが国内線ですけれども、相当数のお客さまにご利用頂いていまして、世界四位の規模を誇る空港であるということを覚えておいて頂ければと思います。

よく、日本の空港は成田空港が表玄関だといわれます。実際、国際線の表玄関は成田空港ですけれども、成田空港はどこかと探しても、実はなかなか出てきません。世界三〇位のところでも出てこなくて、成田空港の利用者数は年間約二八〇〇万人、世界の空港のランキングでいうと、四二位です。

ですから、日本の表玄関という成田空港ではありますけれども、国際線が中心、国内線の便数が少ないということもありまして、まだまだ世界の中では

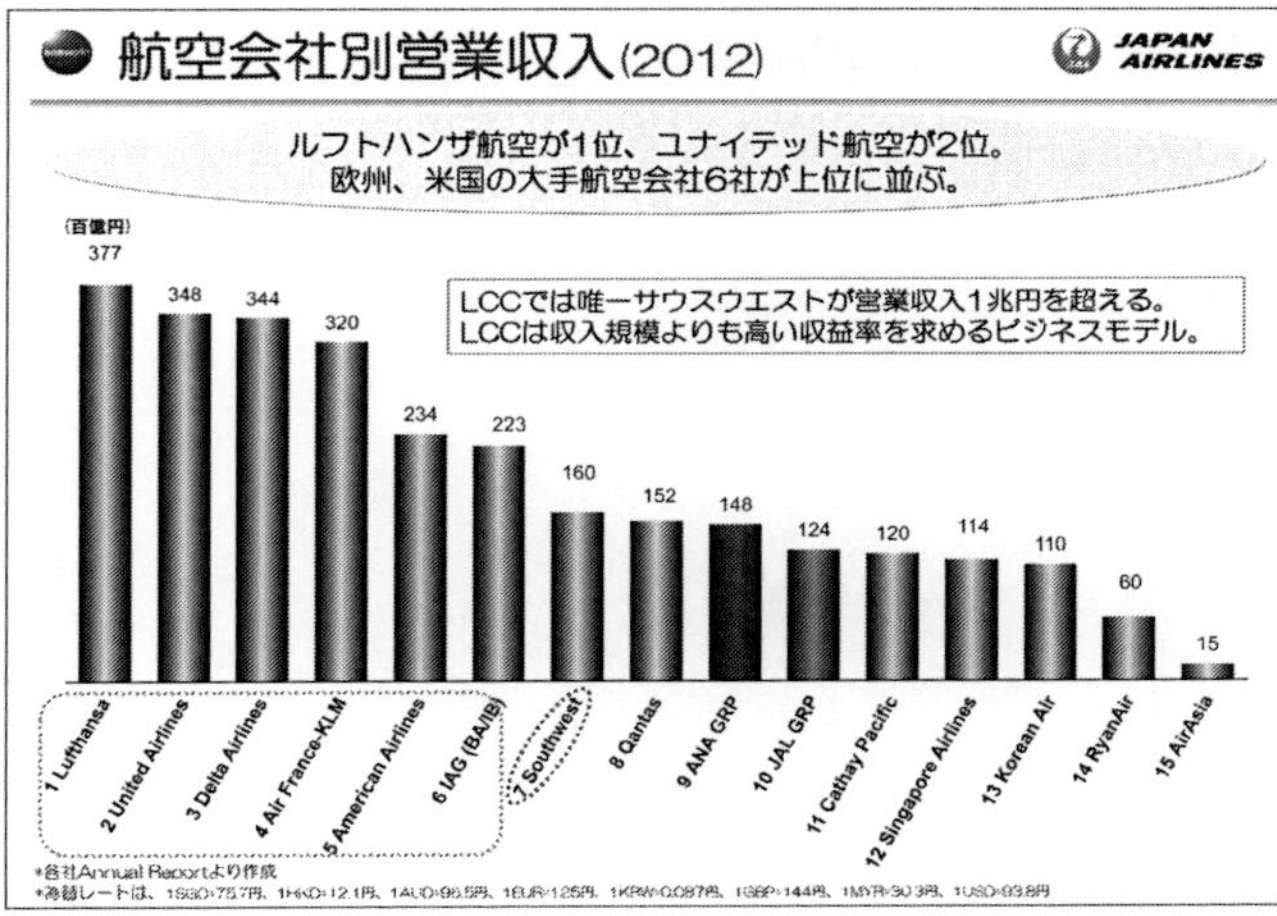

利用者の多い空港ではない。大きい空港ではありますが、世界のトップ一〇に入るという空港ではないということです。

次は、我々の業界の商売に関係するお話ですけれども、図：航空会社別営業収入（２０１２）は世界の航空会社の売り上げ規模、どこの航空会社の売り上げが一番大きいかということを示した資料です。

世界で一番売り上げが大きいのは、ドイツにありますルフトハンザ。これはルフトハンザ航空単独ではなくて、ルフトハンザ航空グループです。売り上げ規模が三兆七七〇〇億円です。ルフトハンザは多くの航空会社を買収して、かなり大きなグループになっています。今は欧州でドイツ語を話す国々のナショナル・フラッグ・キャリアとかつて言われたようなところ、例えばオーストリア航空とか、スイス

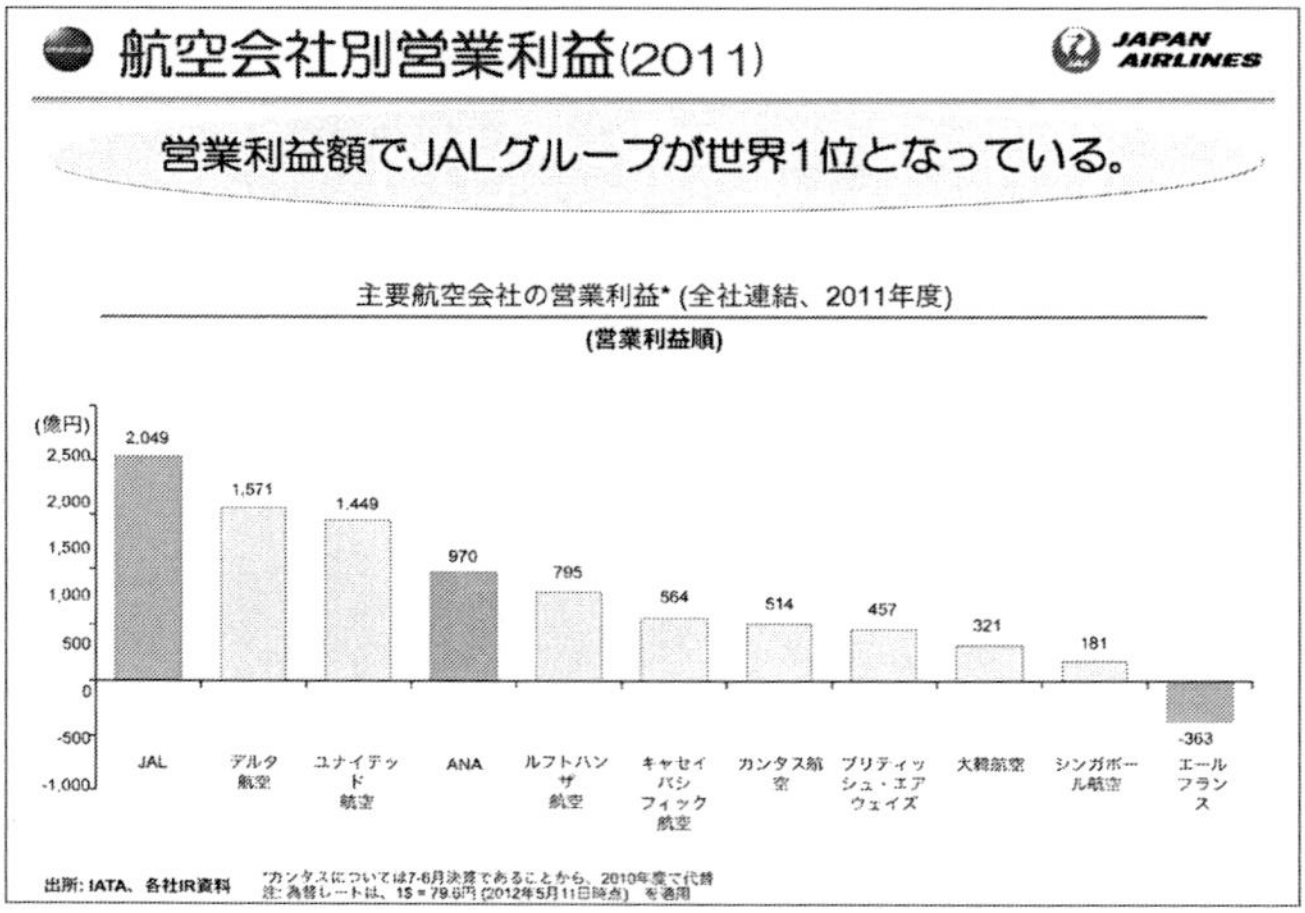

航空とか、幾つかの航空会社を買収して、非常に大きくなっています。

ルフトハンザを追いかけるのがアメリカ勢、ユナイテッド航空、デルタ航空、そしてエールフランスとKLMが一つになった会社、そしてアメリカン航空という順番です。我々、日本航空がどこにいるかというと、残念ながら、今は一〇位、ANAより少し小さい規模で、一兆二〇〇〇億円強の会社になっています。

実は、経営破たんが起こる前までの日本航空の経営規模というのは、二兆二〇〇〇億円ぐらいの売り上げがありました。ですから、ここでいくと、六位のブリティッシュ・エアウェイズぐらいの規模でしたが、我々は国際線を四割、国内線を三割削減して、今は収益重視の会社に生まれ変わりましたので、売り上げとしては一兆二〇〇〇億円ぐらいの会社になっております。

図：航空会社別営業利益（２０１１）は、どこが一番もうかっているのかという資料です。大学の授業になじむかどうかはわかりませんけれども、参考までに見て頂ければと思います。

世界の航空会社の中で一番利益が出ている、これは営業利益ベースで書いていますが、営業利益が一番出ているのは日本航空という状況になっています。これは二〇一一年の結果ですが、日本航空の営業利益は二〇四九億円を記録することができました。利益としては世界で一位という状況になっています。ほかに利益が大きいところは、デルタ航空、ユナイテッド航空、ＡＮＡも頑張っていらっしゃって、九七〇億円という利益を出していらっしゃいます。

先ほどの売り上げは非常に大きかったですけれども、エールフランスは残念ながら営業利益ベースでは赤字になっています。後ほど説明させて頂きますけれども、航空会社というのは経営が非常に難しくて、売り上げが大きければもうかるのかというと、そうでもないというのが一つの特徴かと思います。

図：航空会社の生産量と営業利益率は何をあらわしているかというと、横軸はＡＳＫと書いていますが、有効座席キロ。アベイラブル・シート・キロというものです。これは航空会社の生産量をあらわします。右へ行けば行くほど、生産量の大きい会社、つまり路線が大きい、利用するお客さ

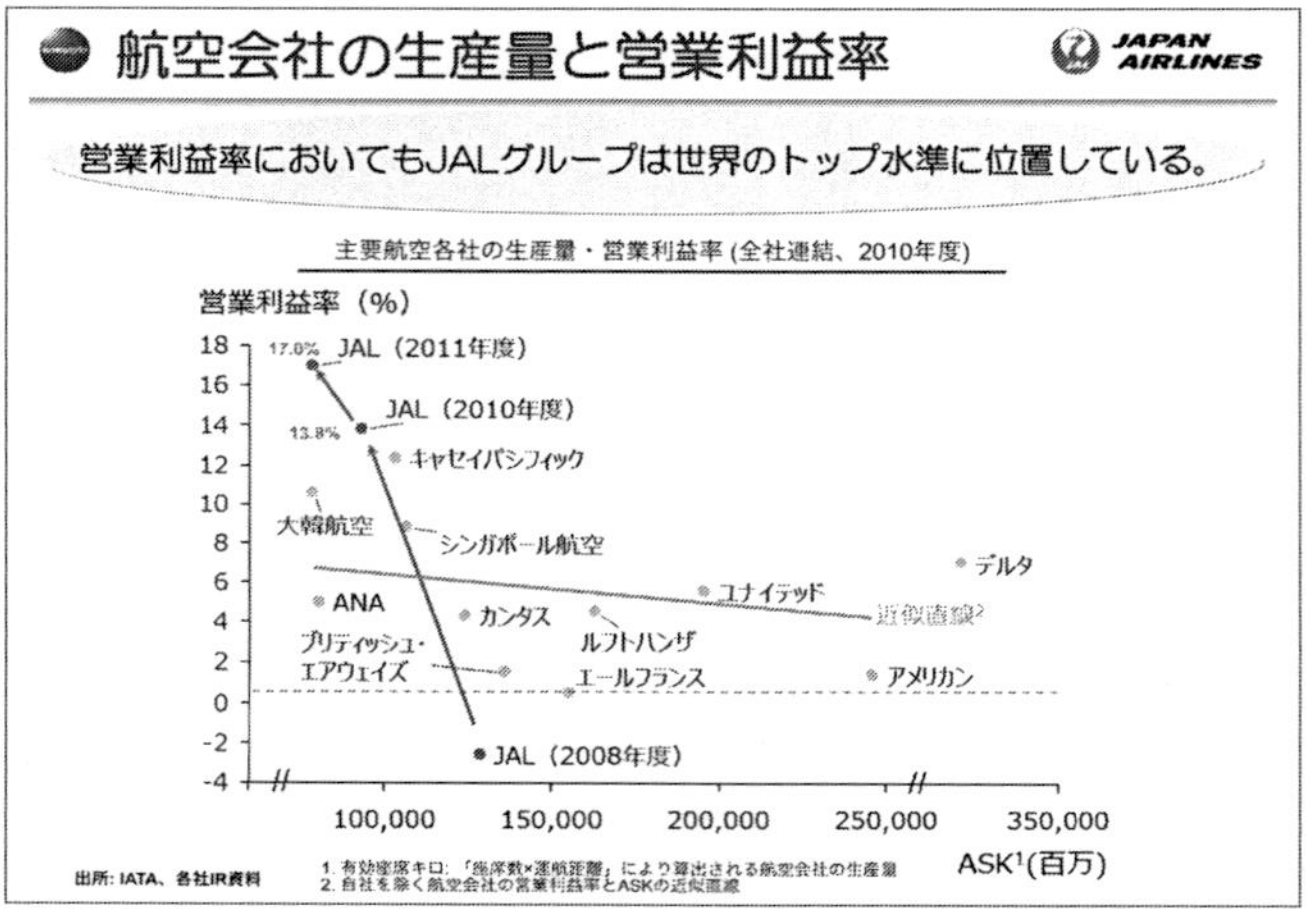

まの数が多い会社を指しています。先ほどあったデルタ、アメリカン、ユナイテッド、エールフランス等は右側に寄っています。

縦軸は、営業利益率を書いています。利益率というのは、売り上げに対して幾らもうかっているかということです。日本航空は一兆二〇〇〇億円の売り上げがあり、利益が二〇〇〇億円ということで、利益率は何パーセントかということを出しています。

これを見て頂いてわかるのは、売り上げ規模の大きい会社が必ずしも、もうかるのではないということです。これが航空会社の一つの特徴であって、日本航空もそうですが、それ以外にもシンガポール航空とか、ANA、大韓航空もそうですが、それほど売り上げ規模は大きくないけれども、利益率の高い会社がある。近似直線を引いてみましたけれども、規模の大きさが収支上プラスに働くかというと、そうでもないというところが、航空会社の経営の難しさだと思います。

3　マルチアライアンスの動向

次に、我々の航空ビジネスの動向をご説明させて頂きたいと思います。皆さんは交通をやっていらっしゃるので、アライアンスというのはおわかりになりますでしょうか。航空会社の連合です。大きく三つのグループに我々は分かれています。今はどちらかというと、このグループで戦っているという状況です（図：マルチアライアンスの比較）。

我々、日本航空が入っていますのが oneworld というグループです。これは、アメリカン航空とかブリティッシュ・エアウェイズ、キャセイパシフィック、カンタス航空といったグループ、日本航空を含めて一一社で一日約八一〇〇便の運航をしております。それ以外には、SKYTEAM というグループ、それからＡＮＡが入っているのが Star Alliance、これは加盟会社が一番多くて、二八社です。

マルチアライアンスの比較

JAPAN AIRLINES

世界の航空会社は3大マルチアライアンスに収斂

	oneworld	SKYTEAM	Star Alliance
設立年	1998年	2000年	1997年
加盟航空会社数	11	19	28
就航地点数 / 就航国数	810 / 149	1000/ 187	1,329 /194
1日の運航便数	8,100	15,000	21,560
年間旅客数(百万人)	324	552	671
所有機材数	2,381	2,734	4,570
設立メンバー	アメリカン航空, ブリティッシュエアウェイズ キャセイパシフィック カンタス航空	デルタ航空 アエロメヒコ エールフランス 大韓航空	エアカナダ ユナイテッド航空 SAS、ルフトハンザ タイエアウェイズ
日本のメンバー	JAL	—	ANA

*LCCは3大マルチアライアンスに属していない。
出所：各アライアンスHP As of 2013 Jun

それぞれのグループには特徴があって、我々が入っているoneworldというところは、一社、一社が比較的大きい。例えばアメリカン航空、ブリティッシュ・エアウェイズ、カンタス航空という、かつてナショナル・フラッグ・キャリアといわれた、国を代表するような大きな会社が集まってグループをなしているのが特徴かと思います。一方でStar Allianceは、大きい会社もありますけれども、中堅の会社も入って、二八社でグループをつくっているという状況です。

日本航空の一日の便数はどれぐらいかというのは、イメージがわきますでしょうか。日本航空は一日に約一〇〇〇便を運航しています。毎日、世界を含めて、飛んでいる便数は約一〇〇〇便です。oneworldグループが一日約八一〇〇便ということ

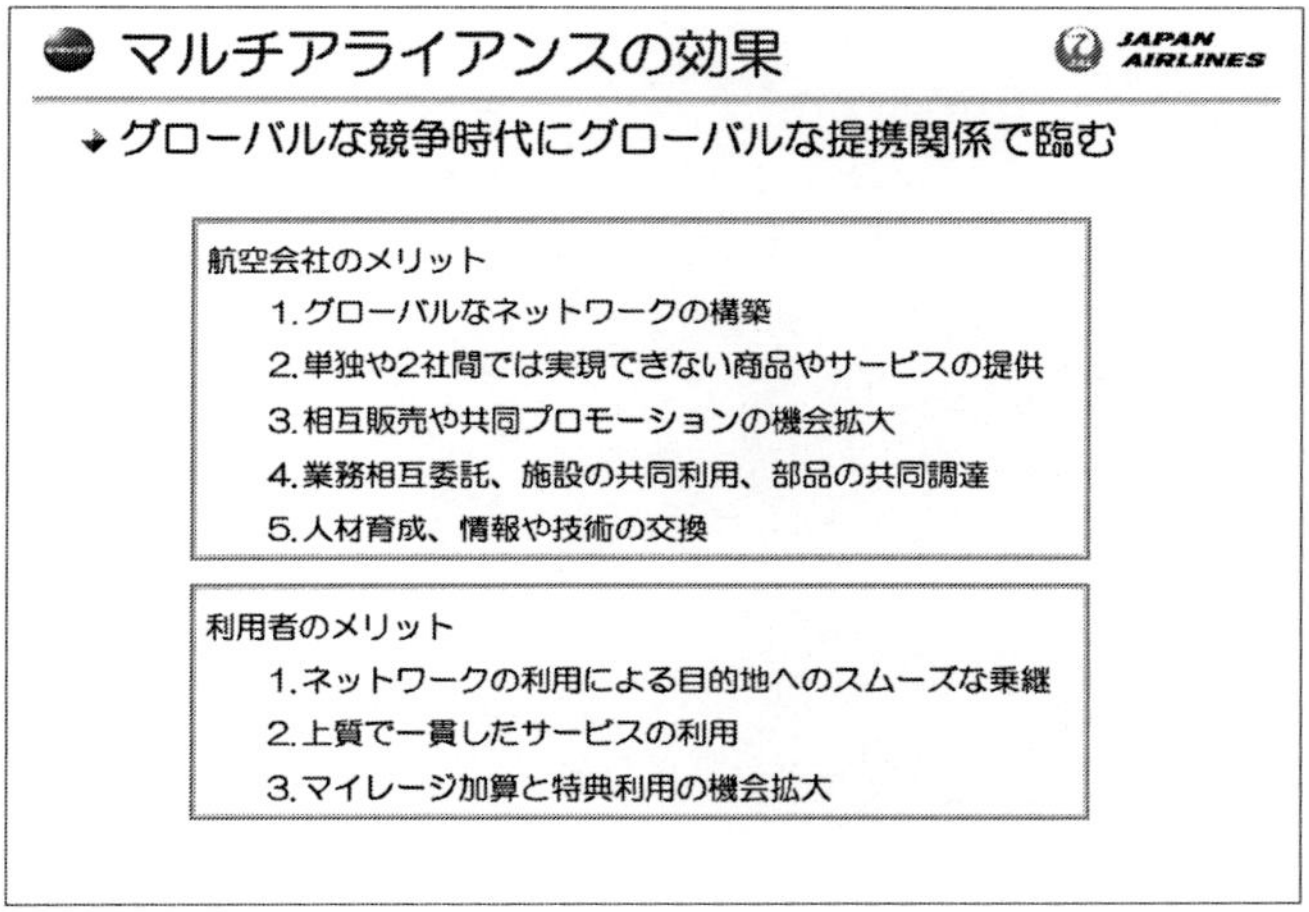
マルチアライアンスの効果
JAPAN AIRLINES
グローバルな競争時代にグローバルな提携関係で臨む
航空会社のメリット
1.グローバルなネットワークの構築
2.単独や2社間では実現できない商品やサービスの提供
3.相互販売や共同プロモーションの機会拡大
4.業務相互委託、施設の共同利用、部品の共同調達
5.人材育成、情報や技術の交換
利用者のメリット
1.ネットワークの利用による目的地へのスムーズな乗継
2.上質で一貫したサービスの利用
3.マイレージ加算と特典利用の機会拡大

ですので、その八分の一は日本航空の便が占めているという状況です。

次に、アライアンスは何のためにやるのか。航空会社のメリット、利用者にとってのメリットをここに挙げさせて頂いております（図：マルチアライアンスの効果）。

まず、我々、航空会社側のメリットを申し上げますけれども、グローバルなネットワークの構築、これはわかりやすいかと思いますが、単独の一社で世界中にネットワークを張りめぐらせるには難しいものがあります。提携の航空会社のネットワークを使って、あたかも自分たちが世界中で路線を張っているというビジネスができるというところが一つの特徴です。

次に、単独や二社では実現できない商品やサービスの提供ができる。これはいろいろなものがありまして、例えば、皆さんが旅行をするときに使われることがあるかなと思いますのは、oneworld グループには世界一周運賃というのがあります。oneworld グループに入っている航空会社であれば、どこでも使えるということと、あと幾つかの条件を満たせば、それを使って世界一周が均一の料金でできる。こういったものがあります。

例えば、ブラジルへ行くとなれば、ニューヨーク経由でブラジルへ行く方もいらっしゃれば、人によってはヨーロッパを経由してブラジルに入る。帰りはアメリカを経由して日本に帰ると、いろいろなルートがあります。oneworld だけではないと思いますが、世界一周運賃というものを使っていろいろな旅をされる機会が増えてきていると思います。

それから、相互販売や共同プロモーションの機会拡大を図れる。これもおわかりになると思いますけれども、日本であれば、日本航空がアメリカン航空とかカンタス航空よりも販売網を持っています。ほかの国の場合は、それぞれの国が強い販売網を持っていますので、お互いにそれを利用し合って、お互いに協力してプロモーションをやっていくというメリットがあります。

次に、業務相互委託、施設の共同利用、部品の共同調達とありますが、業務の相互委託というのは、例えば、成田空港ではカンタス航空のチェックインを日本航空が受託して、カンタス航空になり代わってチェックイン業務をしています。一方、オーストラリアへ行けば、日本航空のチェックインをカンタス航空のスタッフに頼んで、日本航空の代わりにチェックインの作業をしてもらう。そのように、お互いに自分の得意とする空港、あるいは規模を持っている空港で業務を受けて、反対の場合は相手に頼むといったことをやっています。

施設の共同利用はいろいろありますが、一つのわかりやすい例を申し上げると、アメリカン航空の日本支社は、品川にある日本航空の本社ビルに入っています。日本航空のニューヨーク支店は、アメリカン航空の本社ビルに入っています。こういうふうに、お互いのスペースをうまく使って、物理的な距離も縮めて対話もできますし、お互いに共同施設の利用をやっているということです。人材育成や情報、技術というのはおわかりになると思います。お互いに人材交流をやって、人材を育てていくということです。

また、利用者のメリットについてですけれども、一番目のネットワークの利用による目的地へのスムーズな乗り継ぎというところは、例えば東京からロシアのサンクトペテルブルグへ行きたいと思った場合、東京からヘルシンキへ日本航空の便で行きます。ヘルシンキから乗り継いでフィンエア、これは oneworld のメンバーですけれども、フィンエアでサンクトペテルブルグまで行きます。そのときの搭乗手続きは、すべて成田空港で終わります。

つまり、成田空港でチェックインすることによって、搭乗券も出てくれれば、手荷物の半券もその時点で最終目的地まで出てくる。同じグループ間で提携しておくことによって、お客さまにそういうサービスを提供することができます。お客さまのメリットとしては、空港での乗り継ぎが簡単にできるということです。

それから、上質で一貫したサービスの利用ということですが、日本航空にはマイレージカードというのがあって、何度も利用して頂くお客さまは、その中でステータスが少しずつ上がっていきます。例えば、ダイヤモンドメンバーの資格を持っている方は、日本航空のダイヤモンドメンバーのサービスも受けられますし、アメリカン航空のラウンジで同じレベルのサービスを受けることができますし、イギリスへ行けば、ブリティッシュ・エアウェイズのラウンジで同じサービスを受けることができる。つまり、会社が変わっても、世界中の提携会社のラウンジ等で同じステータスのサービスを受けることができる。あるいは、チェックイン等でも、そういったメリットがあるということです。日本航空だけではなく、提携会社で一貫した、上質なサービスを提供している、それを受けることができるということです。

三番は一番わかりやすいかと思います。ほかの航空会社に乗ってもマイレージをためることができますし、また使うときも、ほかの航空会社でも日本航空でも、自分たちの航空券に換えることができる。そのグループの航空会社であれば、いかようにも変更することができるというメリットで

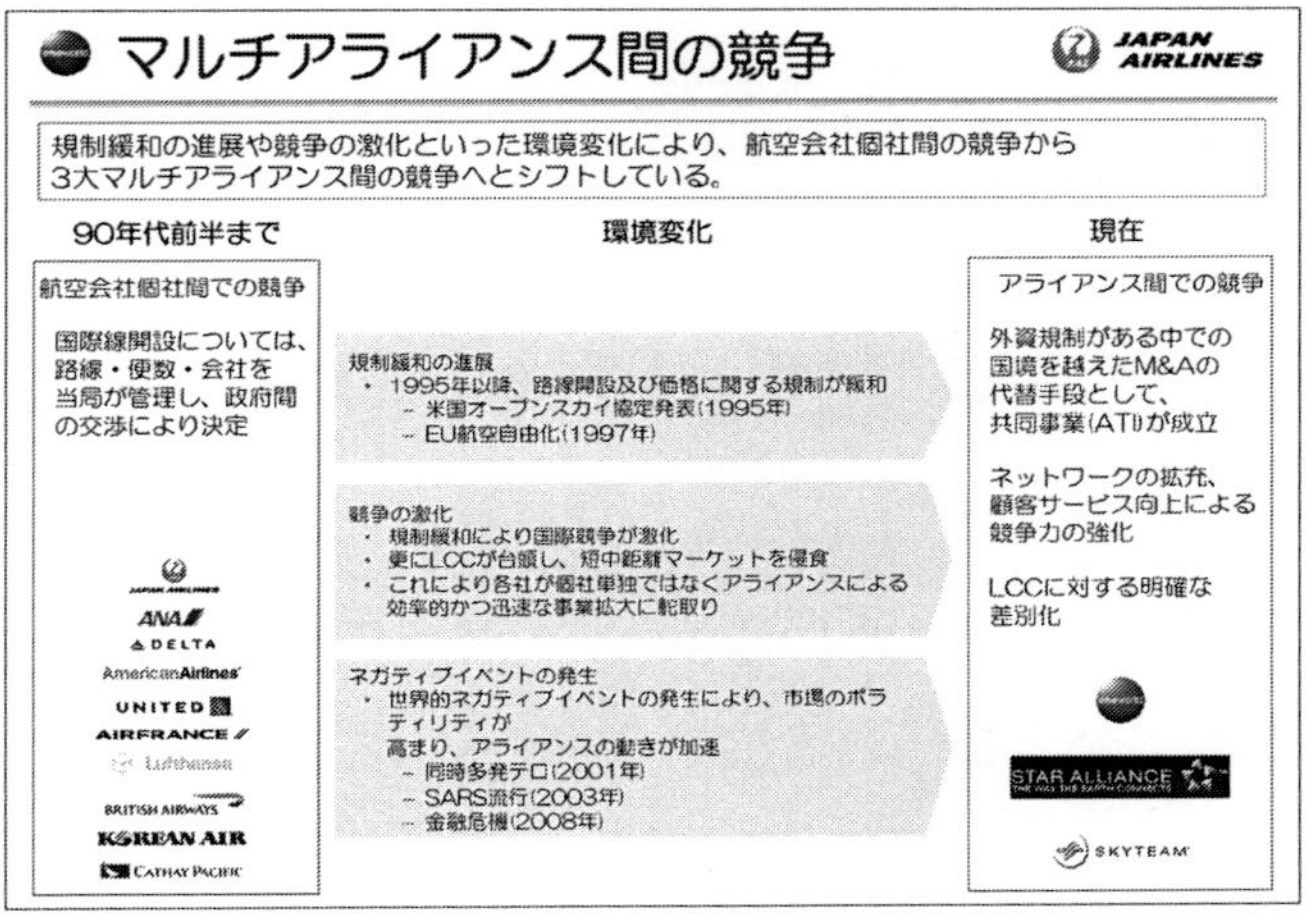

す。

　ここは省略しますけれども、皆さんはこう思って頂ければいいと思います。かつては、例えば日本航空とかＡＮＡとか、いろいろなエアラインがそれぞれ一社ずつ戦っていた時代があります。今は、この三つのアライアンスが戦っているというイメージです（図：マルチアライアンス間の競争）。一社一社がお互いに競い合った時代ではなくて、三つのアライアンスがお互いに競争している。そういう時代に入っていることを頭に残しておいて頂ければと思います。

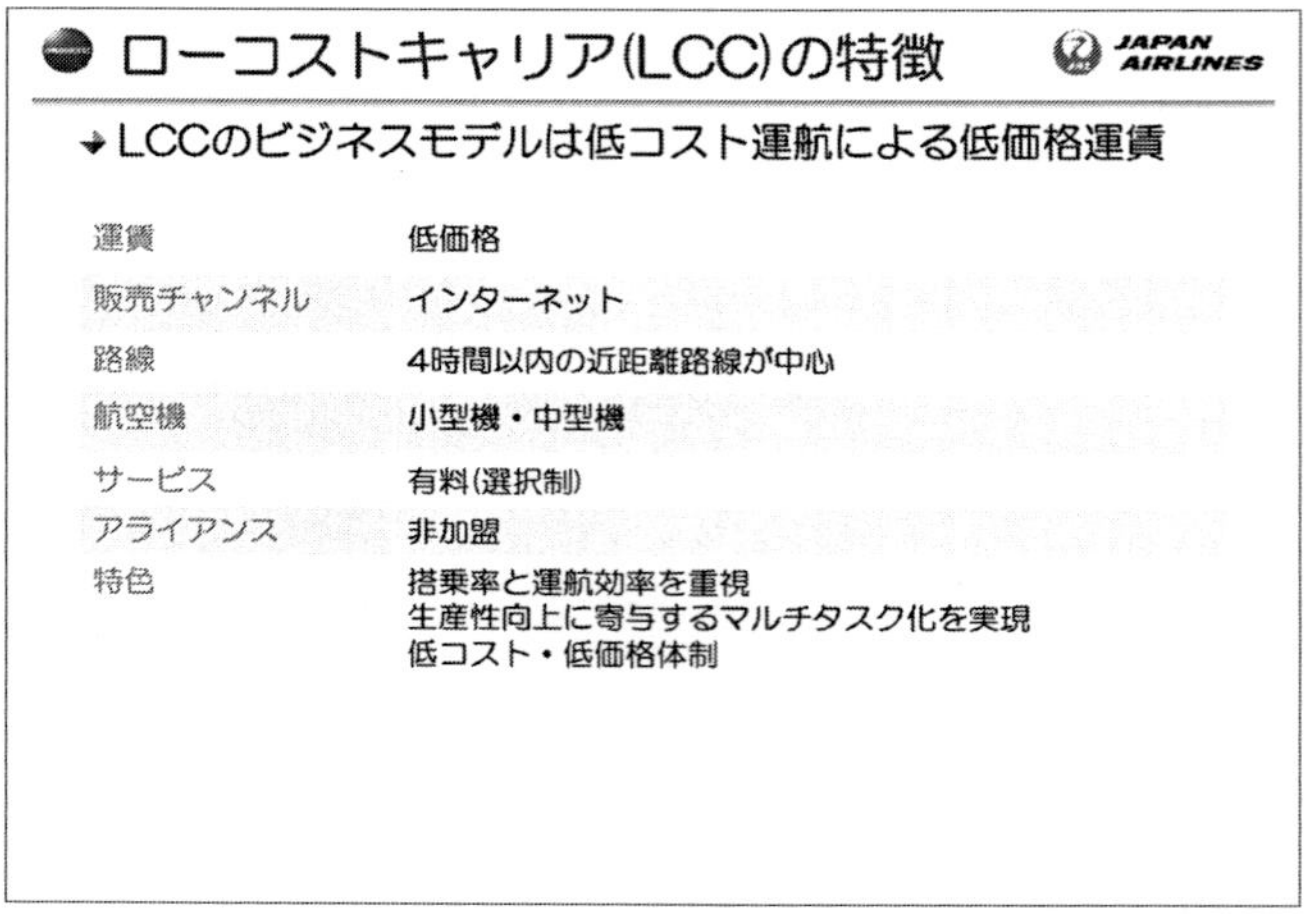
ローコストキャリア(LCC)の特徴
JAPAN AIRLINES
LCCのビジネスモデルは低コスト運航による低価格運賃
運賃　低価格
販売チャンネル　インターネット
路線　4時間以内の近距離路線が中心
航空機　小型機・中型機
サービス　有料(選択制)
アライアンス　非加盟
特色　搭乗率と運航効率を重視
生産性向上に寄与するマルチタスク化を実現
低コスト・低価格体制

4　ローコストキャリア（LCC）の特徴

もう一つ、皆さんにご理解頂きたいのは、ご存じかもしれませんが、改めて触れておきたいのは、ローコスト・キャリア、LCCというところです。テレビでもよくLCCの話題が出ますので、皆さんも言葉自体はご存知と思いますが、LCCの特徴というところを改めてお話しさせて頂きます(図：ローコストキャリア（LCC）の特徴)。

LCCの運賃は低価格です。販売については、インターネット等で行います。路線は、四時間以内の近距離路線が中心だということです。なぜ短いところが中心になるかというと、LCCというのは航空機の稼働を上げて、回転率を上げて、なるべく多くのお客さまを運ぶことによって利益を生み出そうというビジネスモデルだからです。

これは皆さんもおわかりになると思いますけど、長い距離、例えばニューヨークまで行けば、ＬＣＣの飛行機でも、日本航空の飛行機でも、飛行時間は一二時間かかります。つまり、いくら稼働を上げようと思っても、一日に一往復しかできないわけです。そうすると、ここで稼働を上げて、回転率を上げてお客さまを多く運ぶというビジネスモデルはなかなか成立しづらい。

それを考えると、四時間、あるいはもっと短い時間で飛行して何が違うか。飛行時間は変わらないわけですから、何が違うかというと、現地での滞在時間の短さ。燃料を積む時間はそれほど変わりませんけれども、機内食を搭載しない分、作業が早いとか、掃除を一部、簡略化しているとか、着地での時間をできるだけ短くして、折り返して帰ってくる、そして、次のところでも同じことをやる。この繰り返しによって、フルサービス・キャリアとは回転率を変えてやるというのが、彼らのビジネスモデルです。ですから、比較的短距離のところを中心に飛ばしているのが一つの特徴だということです。

ですから、航空機も小型機、中型機が中心です。一五〇人乗りぐらいの航空機が多いのかなと思います。それから、サービスについても、一般的には有料で、機内でコーヒーを飲みたいと思えば、それに見合った代金を払うし、荷物を預けるとなれば、それに見合った荷物の代金をそこで支払う。

我々も、勉強のためにLCCに乗りにいきます。例えば、エア・アジアを見てみようと思って、私はクアラルンプールまで行く便に何度も乗ってみました。クアラルンプールからシンガポール、シンガポールからタイ、タイからクアラルンプールに戻ってみるとか、何度かそういうことをやって、彼らの特徴をつかもうとするのですが、やはり考え方が日本航空と彼らとは違います。

例えば、LCCでは荷物一つを預けるにしても、七キロまでは無料ですけれども、それ以上は、あらかじめ予約をしておくと安いのですが、その場で荷物を預けたりすると、その料金は予約しておく料金より高かったりします。機内食も同じで、予約をしておくと例えば一〇〇円で買えるパンが、「私は予約をしていないんですけど、パンを一つ」と言うと、一二〇円だったりする。このように、むだを省いて、あらかじめきちんと準備ができる状況にした上で運航しているという特徴があると思います。そこは、我々とは考え方の違うビジネスモデルだなと思います。

搭乗率と運航効率の話は先ほどしたとおりです。

それから、特色のところで、生産性向上に寄与するマルチタスク化を実現という点があります。LCCで働いている人たちの給料は決して安いわけではありません。マルチタスク化というところでコストを下げているわけです。例えば、LCCというのは搭乗手続きを閉めるのが早い。三〇分前にチェックインをクローズして「ご搭乗手続きは終わりです」となる。そこで、チェックインにいたスタッフが今度は搭乗口に回って、お客さまが飛行機に乗り込むときの航空券の確認作業をやる。つまり、一人で二役をやる。これがマルチタスク化です。

では、何が日本航空と違うかというと、日本航空はお客さまの利便性を最大限優先しようと。多少費用がかかっても、時間価値を大事にするお客さまに最大限のサービスを重視する。つまり、国内線であれば一五分前までにチェックインをして頂ければ、そのまま飛行機に乗って頂けるという形にしています。そうすると、そこのスタッフは搭乗口でのご案内をできないわけですから、二人を配置する必要があります。一方、ＬＣＣはお客さまの利便性よりも効率性を重視することによって、マルチタスク化を実現しています。こういうところでコストを下げています。そこが、我々と違うところです。

図：ＬＣＣが世界／地域で占める市場シェアは現在のＬＣＣの状況です。世界のシェアが二六・一％です。それに比べて、日本の属する北東アジアは現在九・五％ということで、北東アジアでは、まだまだＬＣＣの普及率が低いといわれています。ただ、最近では、皆さんもご存じだと思いますけれども、本邦が出資したＬＣＣもあります。ＡＮＡがエア・アジアとやっている会社は、提携を解消するということで、どういう形になっていくかわかりませんけれども、かつてに比べて北

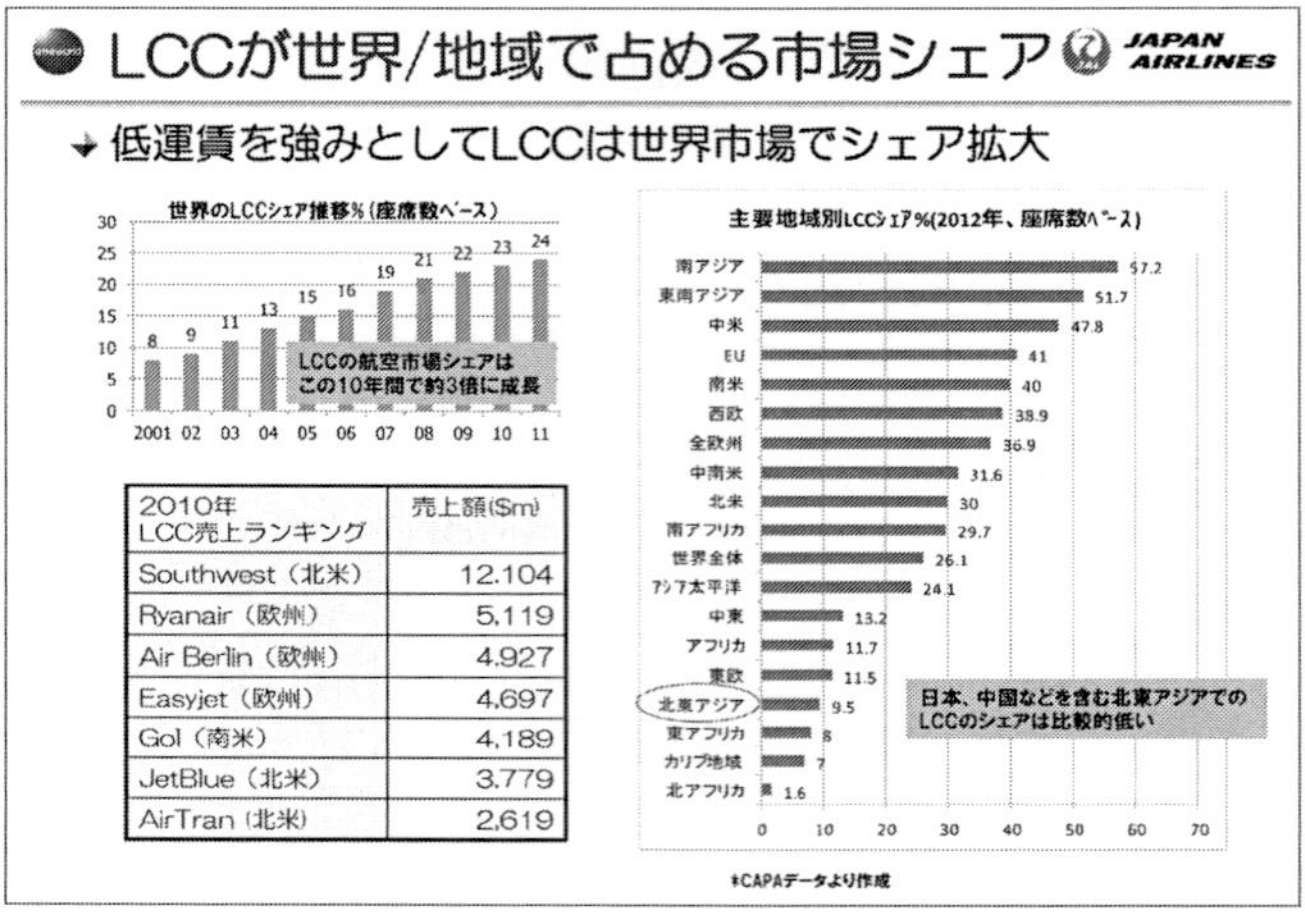

2010年 LCC売上ランキング	売上額($m)
Southwest（北米）	12.104
Ryanair（欧州）	5,119
Air Berlin（欧州）	4.927
Easyjet（欧州）	4,697
Gol（南米）	4,189
JetBlue（北米）	3.779
AirTran（北米）	2,619

東アジアにおけるＬＣＣのシェアが増えているということではあります。

左上ですけれども、世界のＬＣＣのシェア、この一〇年間で三倍に成長したというところです。

その下に、ＬＣＣの売り上げランキングを出していますけれども、ＬＣＣというのは、大きな会社は少ないです。サウスウエスト航空だけが一兆円を超える売り上げ規模を持っていますけれども、それ以外の会社については、売り上げ規模としては、それほど大きな会社はない。これも一つの特徴かと思います。

図：海外から日本へ就航しているＬＣＣは、今、日本に乗り入れているのはどんな会社があるかという一覧表です。ここは割愛しますけれども、ぱっと見て頂いてわかるように、中国とか韓国、あるいは

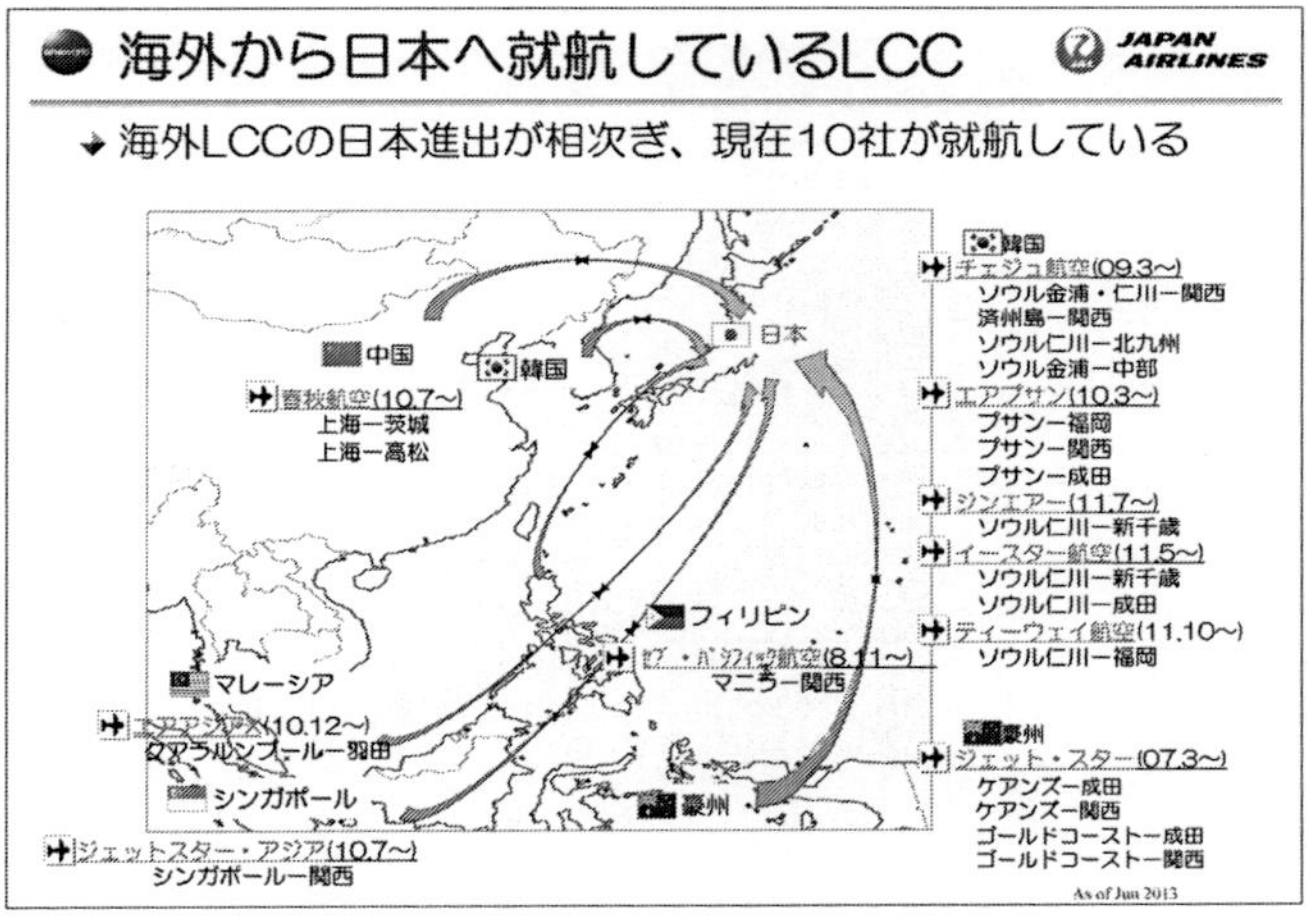

マニラですと飛行時間は四時間ぐらいのところですので、このあたりまでのところが非常に多くて、一部、オーストラリアからジェットスターが飛んできていますが、基本的には短い路線が多いということです。

5　ＪＡＬグループの戦略

ここからは、ＪＡＬグループの戦略という、私の仕事の本題のところになります。

私たちがこれから、あるいは今、何をしようとしているかというところを説明させて頂きたいと思います。今までのところは、一般的な航空業界のお話をさせて頂きました。ここからは日本航空に特化し

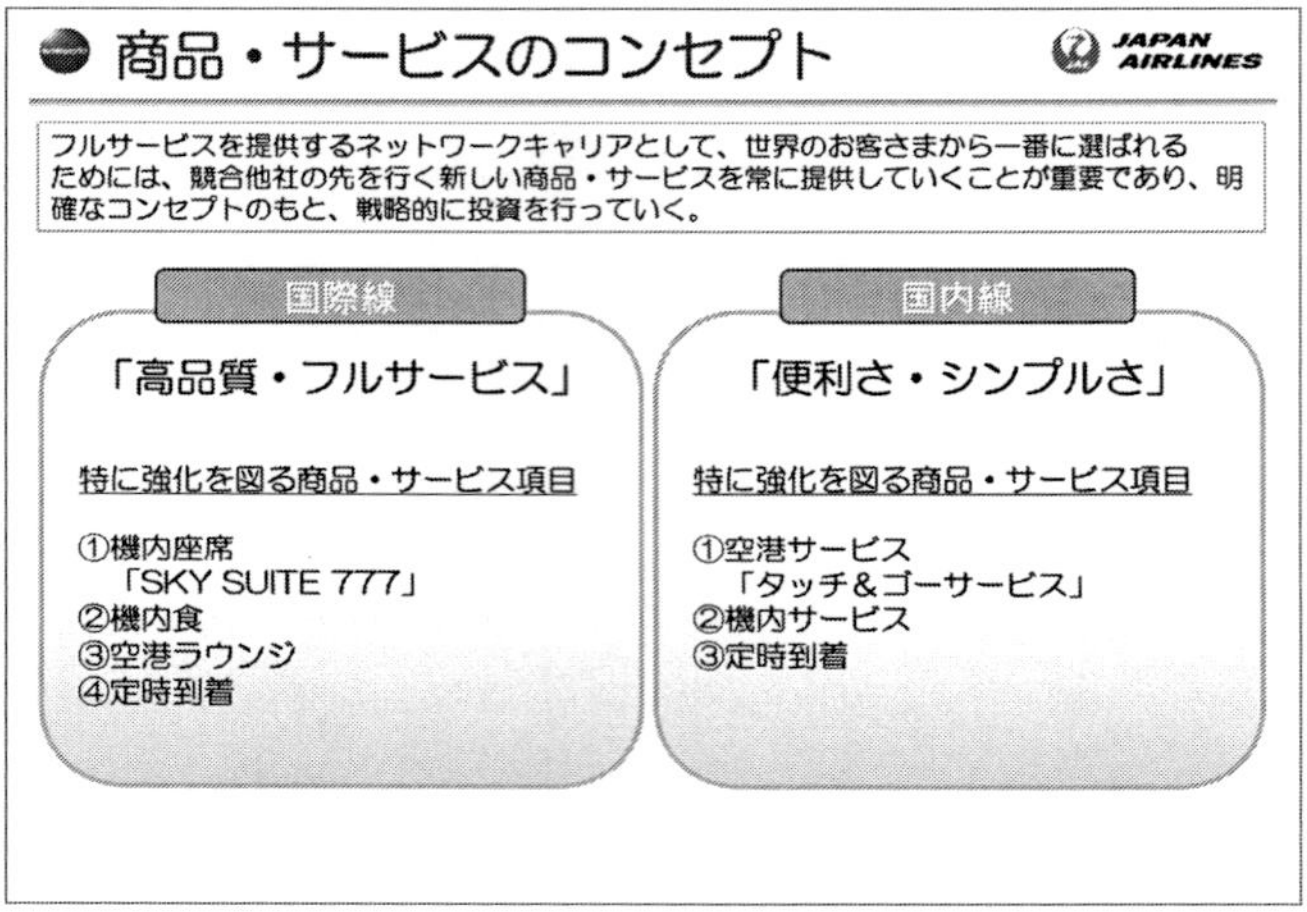
商品・サービスのコンセプト
JAPAN AIRLINES
フルサービスを提供するネットワークキャリアとして、世界のお客さまから一番に選ばれるためには、競合他社の先を行く新しい商品・サービスを常に提供していくことが重要であり、明確なコンセプトのもと、戦略的に投資を行っていく。
国際線
「高品質・フルサービス」
特に強化を図る商品・サービス項目
①機内座席
「SKY SUITE 777」
②機内食
③空港ラウンジ
④定時到着
国内線
「便利さ・シンプルさ」
特に強化を図る商品・サービス項目
①空港サービス
「タッチ&ゴーサービス」
②機内サービス
③定時到着

たお話をさせて頂きます。

まず、商品・サービスについてです(図:商品・サービスのコンセプト)。日本航空は、これから世界と戦っていこうというところで、高品質なフルサービス・キャリアとして勝ち残っていくのだと思っています。つまり、LCCとは明らかに異なるフルサービス・キャリア、高品質なサービスをご提供することによって、お客さまから選ばれる会社になっていきたいと思っています。国際線では「高品質・フルサービス」と書いています。特に強化を図る商品ということで、これは後ほど写真で見て頂きますが、まず座席です。LCCというのは、シートピッチをできるだけ詰めて、できるだけたくさんのお客さまを乗せて、回転率を上げていく、これによって利益を生む。少ない利益を数でかせぐということだと思いますが、我々はまったく逆のことをやっています。

例えば、日本航空のボーイング７７７ではファースト、ビジネス、エコノミーのすべてのクラスでシートピッチを広げています。エコノミークラスでいえば、ＬＣＣはピッチを詰めているのに対抗して、今はさらにピッチを一〇センチ伸ばして、座席の入れ替えを始めています。

順次、国際線の長距離からやっていますけれども、今のビジネスクラスは完全にベッドになります。俳優の阿部寛さんによるテレビコマーシャルで紹介をしていますが、身長が一八八センチの私が寝ても足がのばせる座席になっています。その次のクラスとして、プレミアム・エコノミークラスというのがありますが、これは、かつて私たちが日本航空に入った時代のビジネスクラス並みの座席になっています。

サービスというのは、競争でどんどんよくなっていくわけですが、さらにその上をいって、よりよい品質でお客さまに選んで頂こうというのが我々の戦略です。

座席だけではなくて、機内食にも力を入れますし、空港のラウンジ、あるいは定時到着率で世界一を取り続けることが我々にとっての武器、これを売りに戦っていこうと思っています。詳しい商品は、後で動画等を見て頂きたいと思います。

それから、国内線は「便利さ・シンプルさ」と書いています。これは何かというと、空港サービスに関して「タッチ&ゴーサービス」と書いています。先ほどのLCCは、一般的にチェックインの時間を早めに閉めて、スタッフが搭乗口のほうに回ったりするとご紹介しましたけれども、日本航空は、国内線の場合は一五分前までにチェックインカウンターに来て頂く必要はありません。今は、セキュリティーゲート、手荷物検査をするところに一五分前までに来て頂いて、そこを通過すれば、その時点でオーケーです。

ＪＡＬカードというクレジットカードがありますけれども、例えば、そのカードをセキュリティーゲートでかざすことによって、飛行機にそのまま乗ることができます。

これは私のＪＡＬカードですが、セキュリティーゲートのところに携帯端末を置いていますので、カードをかざすだけです。そうすると、「あなたの座席番号は何番です。搭乗口は何番です」という紙が出てきますので、それを受け取って搭乗口まで行って、そこでまたＪＡＬカードをかざすと、そのまま飛行機に乗れます。時間を最大限に利用して頂くというか、時間の価値を大事に考えるお客さまにご利用して頂くための施策をとっていまして、これを「タッチ&ゴーサービス」と呼んでいます。

また、この搭乗券には、裏に「はずれ」とありますが、マクドナルドとコラボレーションをしておりまして、「はずれ」の場合は、コーヒーとかハッシュドポテトが無料でもらえ、「あたり」の場

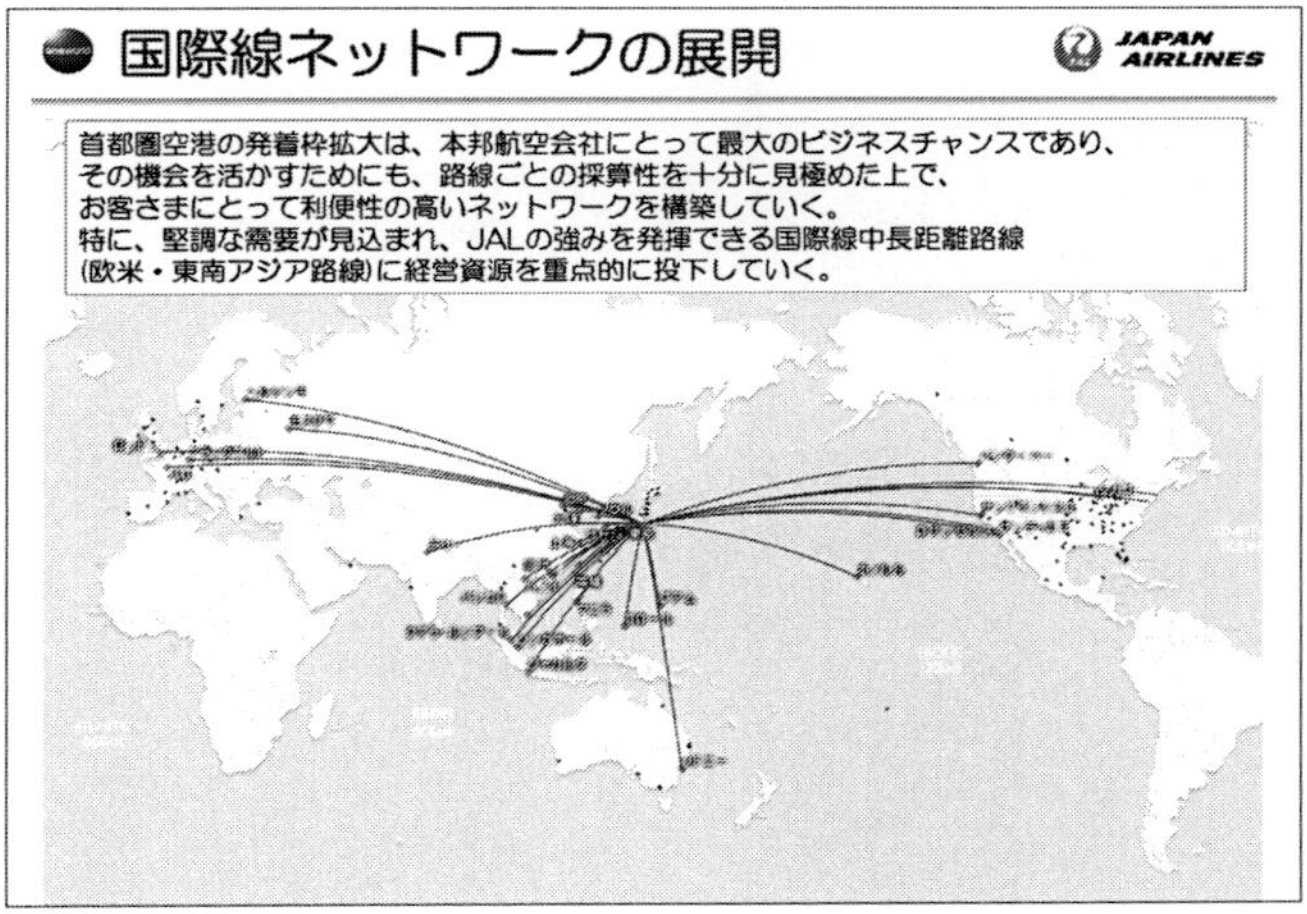

合は、ビッグマックセットやナゲットセットがもらえたりします。ですから、飛行機に乗り慣れたスーツ姿の人も嬉しそうに搭乗券の裏を見ていることがあります。こういう付加価値のあるサービスをやっていく、これはほんの小さな付加価値ですが、利用者にとって、ＬＣＣとは明らかに異なるサービスを提供することによって、便利さ、シンプルさを取り入れて国内線で勝っていこうと思っています。

次の戦略は、ネットワークです（図：国際線ネットワークの展開）。国際線のネットワークを張って、多くの直行便を持つことによって、お客さまから見て便利だ、使いやすいと思って頂ければと思っています。かつての路線のように、膨大な数を持つことはできませんけれども、路線として利益が出るところは、しっかりと路線を張っていきたいと。

日本航空が今やりたいと思っているのは、国際線中長距離、特にヨーロッパとかアメリカの長距離路線を伸ばしていくということです。どんなところを頑張っていこうかと考えるわけですが、国内線を伸ばしていくのか、国際線を伸ばしていくのか、国際線であれば、中国とかアジアをやるのか、あるいは欧米をやるのか。今、我々は欧米を中心とした中長距離を伸ばしていきたいと思っています。

これには幾つか理由がありまして、日本航空のよさを考えるとすれば、あるいはLCCと明確に異なるところを考えれば、きちんとしたサービスでやっていく。機内でもお客さまにきちんとしたサービスを提供していく。これが我々の持つ強みだとすれば、それがしっかり発揮できる飛行時間もあって、お客さまにもそれを感じて頂ける、そういった路線を伸ばしていきたい、それで勝っていきたいと思っています。

競合他社にないネットワークを持つことによって、お客さまから見て、日本航空は便利だと思って頂く、これが我々の考えるネットワークの展開、ネットワークの戦略であります。

図：使用航空機の選定は、日本航空の使用航空機がどうなっているかを紹介したものです。ボーイング787は最近よく話題になっていましたけれども、日本航空はボーイング787を九機持っています。現在、ボーイング787を四五機発注していますから、これから順次、787が入って

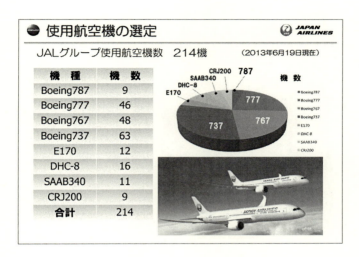

使用航空機の選定

JAPAN AIRLINES

JALグループ使用航空機数　214機　（2013年6月19日現在）

機　種	機　数
Boeing787	9
Boeing777	46
Boeing767	48
Boeing737	63
E170	12
DHC-8	16
SAAB340	11
CRJ200	9
合計	214

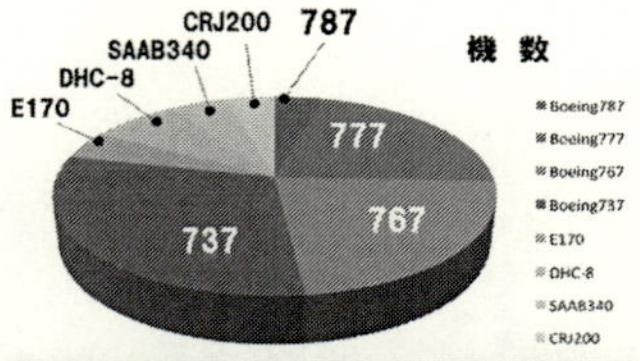

きます。

今、全部で二一四機の飛行機を持っていまして、これらを用いて先ほど申し上げた一日に約一〇〇〇便を運航している。これが今の日本航空の使用航空機の全体像です。

ボーイング７８７の導入について、最近、話題になることが多いので、触れてみました。「カタログ価格は？」ということですが、カタログ価格というのは定価です（図：ボーイング７８７の導入）。７８７の定価は幾らぐらいか、イメージがわく方はいらっしゃいますか。これは車と一緒で、我々は必ず定価で買うかというと、そうではなくて、価格交渉をして、メーカーが言っている価格とは違う価格で購入していますが、７８７一機の価格は、為替にもよりますけれども、今、九五円ぐらいで、ざっく

りと計算してみますと、二〇〇億円ぐらい。もう少し大きいボーイング７７７という航空機になりますと、一機あたり三〇〇億円ぐらいです。

ですから、非常に高価な航空機を購入して、どういった路線をやっていくかということは判断が大事で、これを間違えると、会社の事業の根幹を大きく揺るがすことになるということで、我々は、どういう航空機を何機導入するかということについては常に慎重に、いろいろなことを検討しています。

図：最新鋭機の活用は、７８７の特徴を少し書いたものです。７８７と７７７はどこが違うかというと、燃費が違うということです。７７７よりも７８７のほうが二三パーセント、燃費がいいという資料です。もともと、７７７が出てきたとき、当時はジャンボ７４７が全盛の時代でしたけれども、

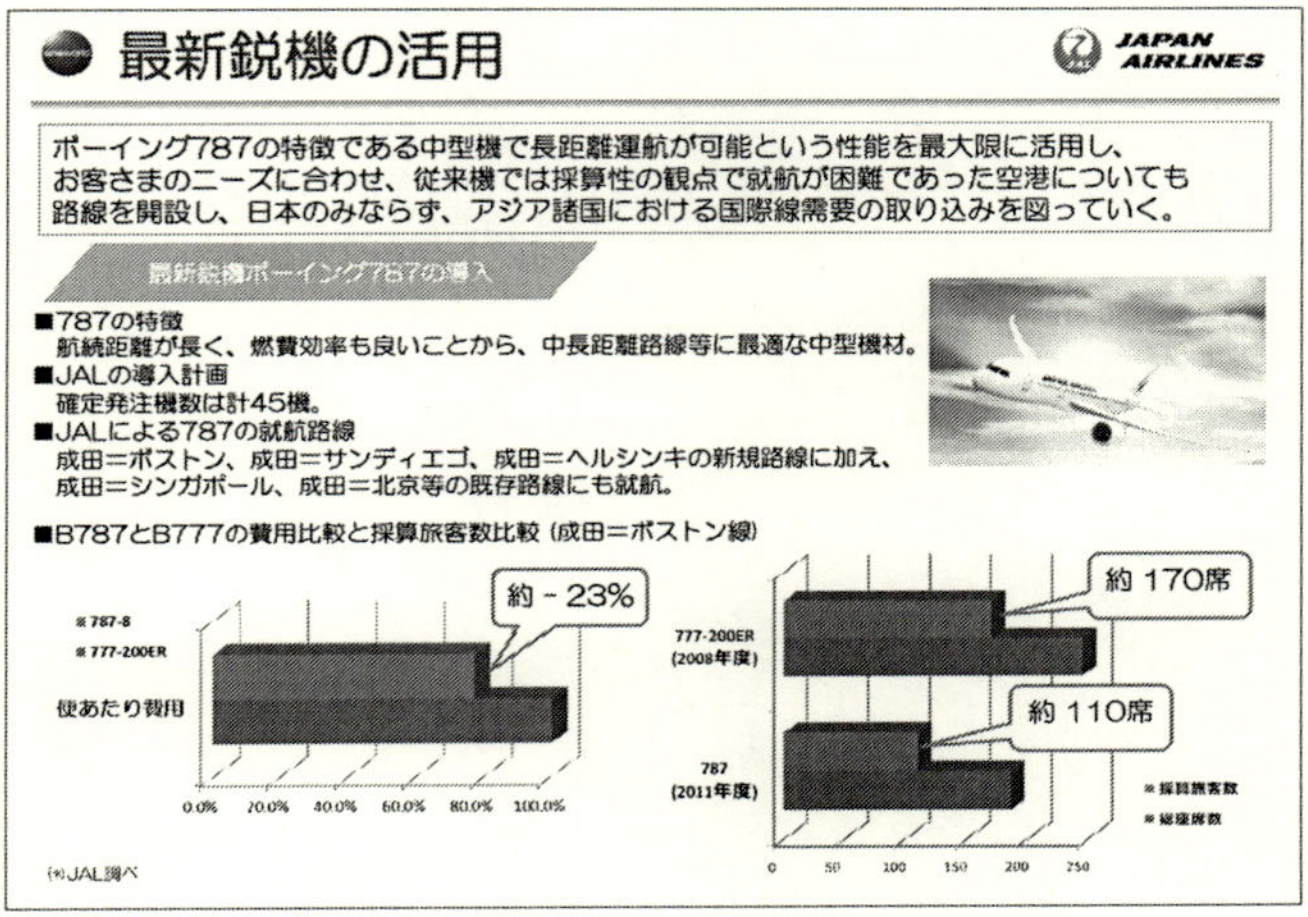

７４７に比べて７７７は相当燃費がいいといわれてきましたが、７８７はそれを上回る燃費のよさです。

これも後で出てきますが、７８７は何が違うかというと、中型機で、国際線として使うとなると、一機一八〇席ぐらいの航空機です。ほぼ同じサイズのボーイング７６７という飛行機がありますが、こういう飛行機だと、物理的な飛行距離として、北米であるとか、ヨーロッパにはダイレクトに届かなかったわけです。７８７は燃費のよさを生かして、ダイレクトにこういったところに届きます。

これは何を言わんとするかというと、今までは北米とかヨーロッパへ行くには、三〇〇席近い座席を持つ大きい航空機しか使えなかった。つまり、大きな需要があるところにしか路線を張れなかったということです。

７７７であれば、採算ベースに合うとすれば、ざっくり言って、一七〇人ぐらいのお客さまがいるところでないと採算が合わなかったわけですけれども、今度は、もともと一八〇席ぐらいの飛行機で、仮に七割ぐらいのお客さまが乗ってくれれば採算が合う、あるいは六割強でも採算が合うという路線があるとすると、ここでは一一〇席と書いていますが、一〇〇名ぐらいのお客さまがいる需要のところにダイレクトに便を飛ばせば、そこで黒字が出る。要は、新しい目的地を生み出すことができる。この飛行機によってそれが可能になる。

我々は、ゲームチェンジャーと呼びますが、我々が今までやってきたビジネスのスタイルが大きく変わる。欧米イコール、大きな飛行機でしか届かないという概念から、中型機の７８７で届くとなれば、一日三〇〇人のお客さまが見込めるところはそれほど多くないかもしれませんが、一日一〇〇人のお客さまに毎日ご利用して頂ける目的地は、可能性として幾つも浮かんできます。我々は、これからそういったところに路線を張っていきたいと。そこがロングレンジの路線であるというイメージを我々は持っています。これが、日本航空のこれからの戦略というところです。

新しいところでは、今年始めたところを幾つかご紹介させて頂きたいと思います。

一つは、アメリカの西海岸のサンディエゴです（図：ボストン・サンディエゴへの就航）。ロサンゼルスから少し南に下った、メキシコとの国境に近いところ。それから東海岸のニューヨークの

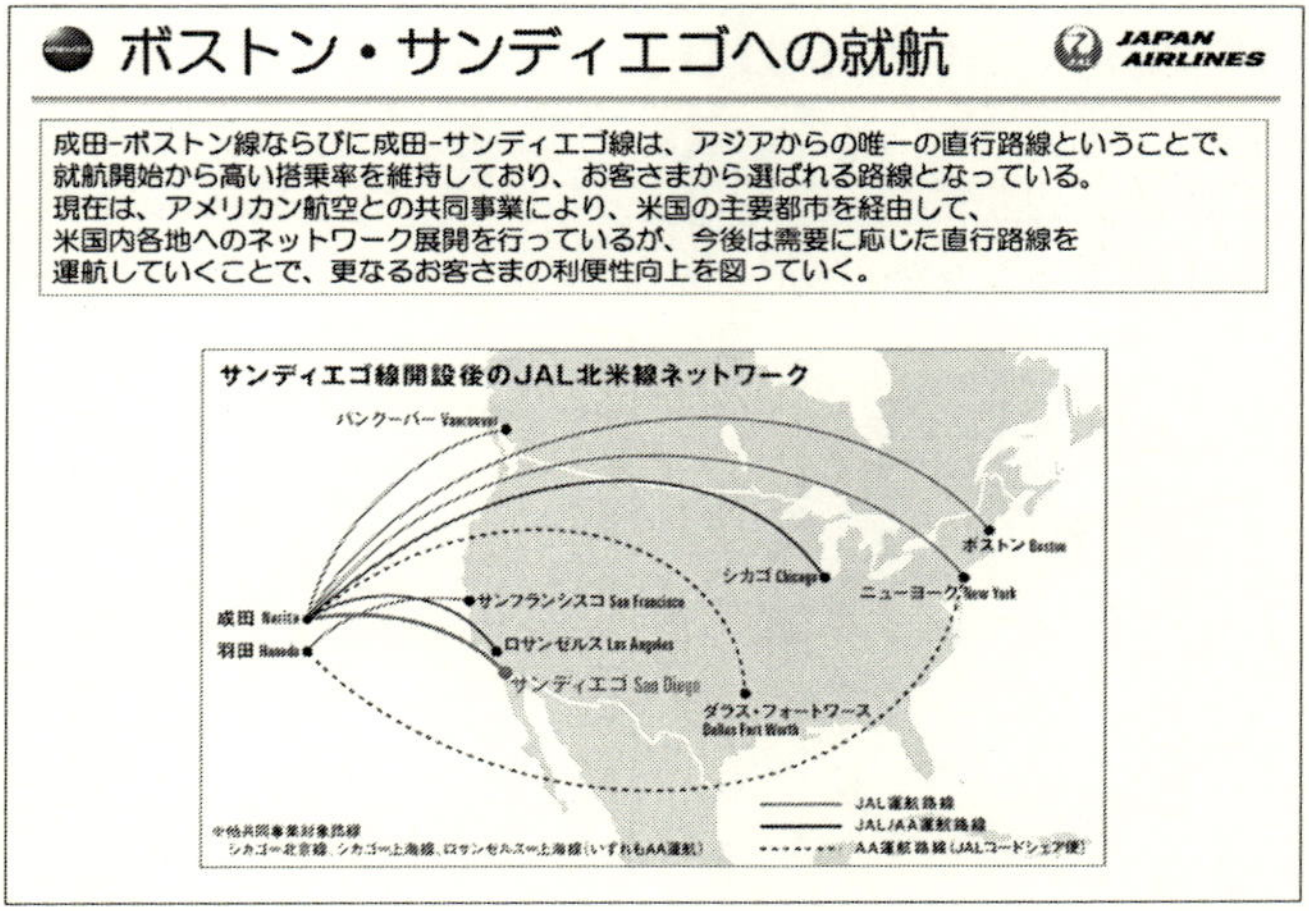
ボストン・サンディエゴへの就航
JAPAN AIRLINES
成田-ボストン線ならびに成田-サンディエゴ線は、アジアからの唯一の直行路線ということで、
就航開始から高い搭乗率を維持しており、お客さまから選ばれる路線となっている。
現在は、アメリカン航空との共同事業により、米国の主要都市を経由して、
米国内各地へのネットワーク展開を行っているが、今後は需要に応じた直行路線を
運航していくことで、更なるお客さまの利便性向上を図っていく。
サンディエゴ線開設後のJAL北米線ネットワーク
バンクーバー Vancouver
ボストン Boston
シカゴ Chicago
ニューヨーク New York
成田 Narita
羽田 Haneda
サンフランシスコ San Francisco
ロサンゼルス Los Angeles
サンディエゴ San Diego
ダラス・フォートワース Dallas Fort Worth
JAL運航路線
JAL/AA運航路線
AA運航路線（JALコードシェア便）

少し北にあるボストン、これも新しく始めました。それぞれ、７８７で始めています。ボストンは始めて約一年ですが、ほぼ毎日、満席に近いぐらいにお客さまにお乗り頂いています。満席といっても一八〇席ですから、座席数が多いわけではありませんが、それだけの利用者が見込める。非常に成功している路線の一つかなと思います。年間、平均の利用率が九割に近い路線になっています。

お手元に新聞記事があるかもしれませんが、七月一日ですから、二日前に新規路線、ヘルシンキを始めました。これは、まさに７８７で始めています。

先ほどサンディエゴとボストンと言いましたけれども、路線を張るときに、その路線には、何を目的に、どういうお客さまをターゲットにという戦略が当然あるわけですが、ヘルシンキについてご紹介し

ヘルシンキへの就航
JAPAN AIRLINES
ヘルシンキはヨーロッパの中でも日本との距離が近く、日本-欧州(北欧・中欧・東欧)間を結ぶゲートウェイとしては最適な位置にあり、また、oneworldメンバーであるフィンランド航空のネットワークの活用が可能であることから、ロンドン、パリ、フランクフルトに続く拠点空港とするべく、就航を決定した。
成田-ヘルシンキ線は、787の運航停止により、開設が延期となっていたが、2013年7月1日に就航を開始した。
東京（成田）
ヘルシンキ
Helsinki
フランクフルト
フィンランド航空のネットワーク

ますと、我々はヘルシンキにどういうお客さまを意識しているかというと、乗り継ぎのお客さまです。ヘルシンキを目的地にして、ヘルシンキへ行くお客さまを取り込むための路線ではなくて、ヘルシンキを経由してヨーロッパへ行かれるお客さま。

ヘルシンキというのは、図：ヘルシンキへの就航にありますように、一番東端のヨーロッパです。ヘルシンキまでは飛行時間が一〇時間。パリとかロンドンまで行くのには一二時間ですけれども、一番手前のヨーロッパで乗り継ぐことによって、北欧にしても、中央ヨーロッパにしても、東欧にしても、手前で乗り継ぐことによって、むだがなくて、早い乗り継ぎと短い飛行時間で目的地に着く。こういったことが可能になってきますので、乗り継ぎ旅客を取り込むための戦略として、フィンエアのハブ空港で

あるヘルシンキに路線を張ろうと考えました。

もちろん、ヘルシンキへの観光とかビジネスでご利用頂けることは、うれしいですけれども、我々が考えたのはそれだけではなくて、むしろ乗り継ぎの旅客数がここには相当いるのではないかと思って、新規路線を張ったというわけです。それぞれの路線には、まったく違う理由があるわけですけれども、こういうことをやっていく部署が、私がいるような経営戦略部だということです。

図：国際線機内座席は、先ほど申し上げた座席です。ファーストクラスになるとほぼ完全な個室で、私が学生時代に住んでいたアパートのテレビなどよりもはるかに大きい、大画面のテレビがついていたりして、本当に個室感覚です。

ビジネスクラスのところに四九席と書いています

が、つい最近まで７７７のビジネスクラスは七七席ありました。そのスペースに四九席です。つまり、この席がいかに広いかがわかるかと思います。もちろん、今までのビジネスクラスが狭いということではなくて、それなりの競争力のある座席を提供してきたつもりですが、七七席のスペースに今は四九席、それだけ付加価値をつけていくことが我々の戦略として大事だと思っているということです。

次に食事です（図：国際線機内食）。ファーストクラスやビジネスクラスでは、普通のレストラン並みの食事で、「お好きなときに、お好きなものを、いつでもどうぞ」というサービスコンセプトです。ですから、昔みたいに「はい、食事です」というのはありません。「今、うどんが食べたい」とか、「肉が食べたい」という感じになっております。エコノ

ミークラスは、お客さまの数が多いので、そこまでいっていませんけれども、ファーストクラス、ビジネスクラスになると、お客さまに合わせたサービスだということです。エコノミークラスでは、モスバーガーや吉野家、あるいは、たいめいけんという外食産業と提携して、機内での食事を提供するということもやっています。

これはラウンジです（図：国際線空港ラウンジ）。学生の皆さんは、今はラウンジを使うということはあまりないかもしれませんが、将来、私ども日本航空のラウンジを使うようなビジネスパーソン、そういう仕事に就いて、日本航空をご利用頂ければと思います。

図：国内線ネットワークの展開は、国内線のハブについてです。ハブ空港とよく言いますが、ハブ空

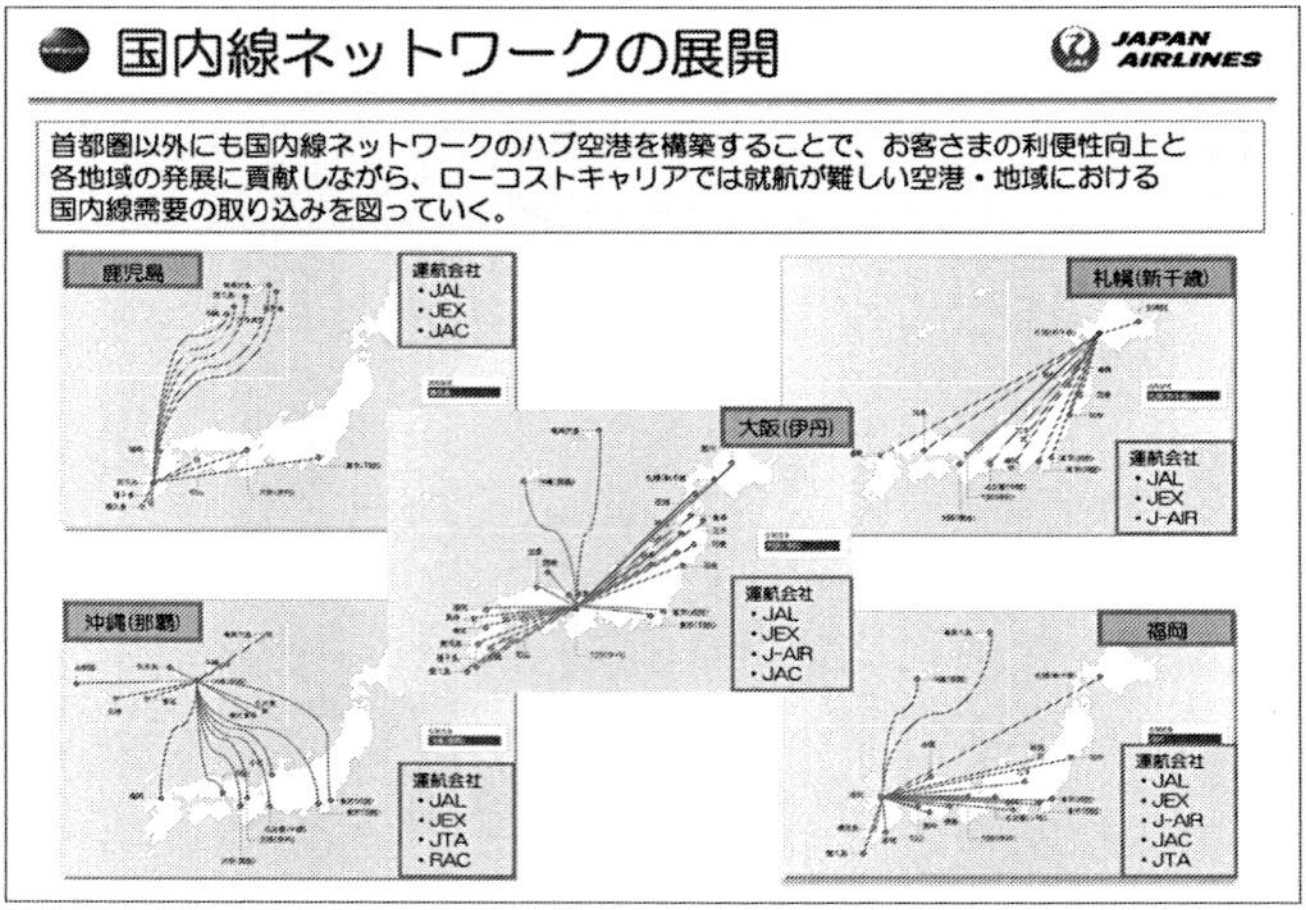

港というと、日本では羽田や成田だけではないということに触れています。地方にはそれぞれ、特に皆さんに関連が深いところで言えば、伊丹を中心に我々はこれだけのネットワークを持っています。つまり、羽田だけではない。国内のネットワークというのは、鹿児島もそうですけれども、鹿児島空港を中心に、たくさんの離島路線がありまして、ここを我々は運航しています。沖縄もそうですし、那覇を中心に飛ばしています。これは、ＬＣＣでは成立しえないビジネスモデルだろうと思っています。そういう意味での差別化を図っているところでもあります。

　ＬＣＣ対策というほどのものではありませんが、ＬＣＣと明らかに異なるところは、日本航空は羽田空港、あるいは伊丹空港を中心にたくさんの便を運

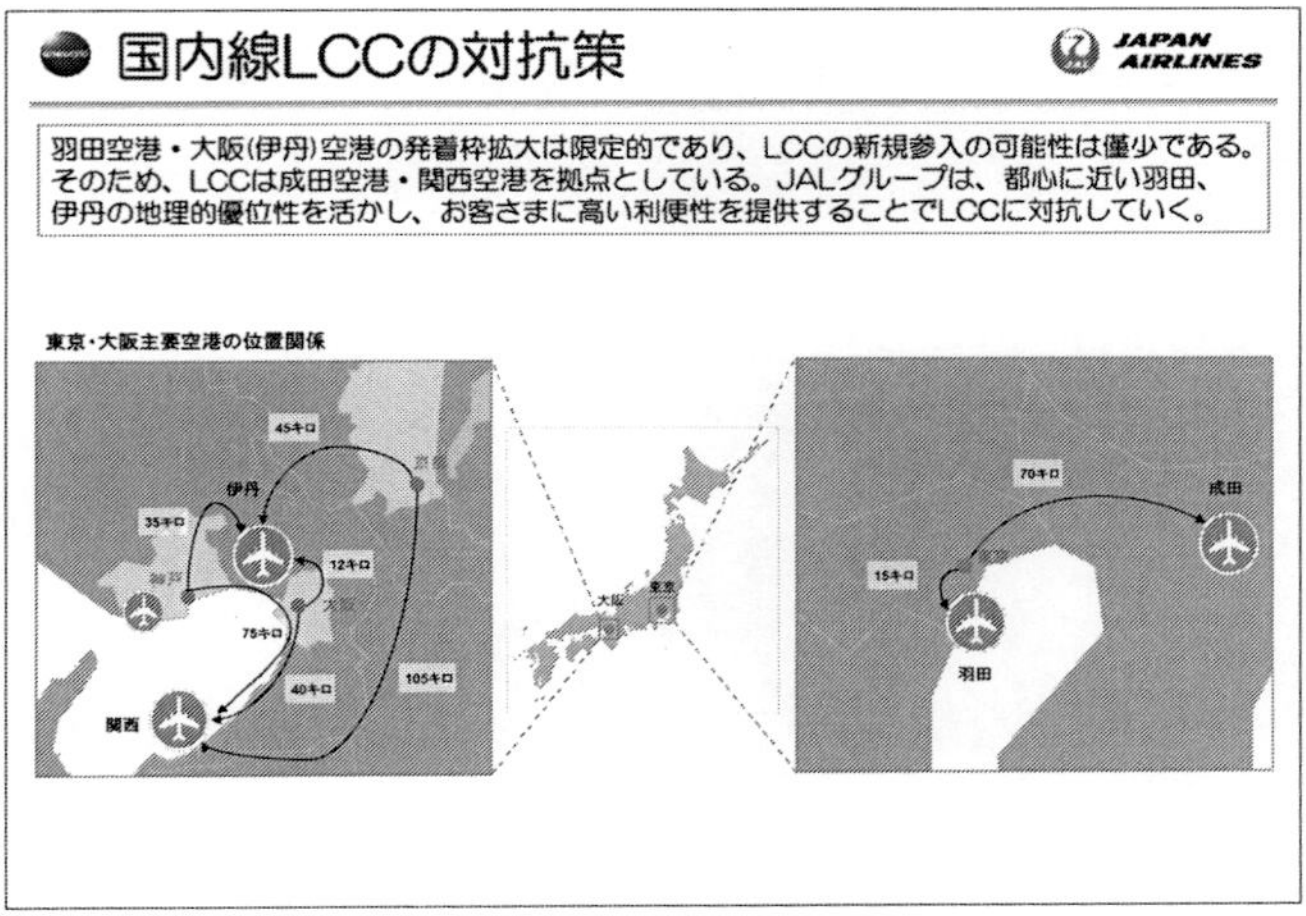

航していきます（図：国内線ＬＣＣの対抗策）。これはＬＣＣのビジネスモデルではありますが、セカンダリーエアポートを使って、たくさんの便を運航していく。そういう意味では、フルサービス・キャリアである日本航空は、羽田、伊丹を中心のネットワークを持っているというところが大きな違いとなっていると思います。

図：国内線空港サービスは、先ほど申し上げた「タッチ＆ゴーサービス」です。携帯をぽんとかざして、そのまま乗る人もいらっしゃいますし、私みたいにＪＡＬカードをかざして乗る人もいます。こういうサービスが今はどんどん進んでいて、お客さまが便利に、楽に飛行機を利用して頂くシステムがどんどん増えているというところです。

国際線のサービスがよく取り上げられますので、

国内線空港サービス

JAPAN AIRLINES

事前にインターネットで座席指定することにより、国内線搭乗時に空港で端末をかざすだけで搭乗できる「JALタッチ&ゴー」サービスを展開していく。また、「移動時間の有効活用」「空港での待ち時間短縮」を追求し、新しいサービスを提供していく。

だれでも簡単!

空港に着いてもチェックインいらず。「タッチ&ゴー」でらくらくフライト!

国内線機内サービス

JAPAN AIRLINES

全てのお客さまに、品質にこだわったサービスを提供していく。

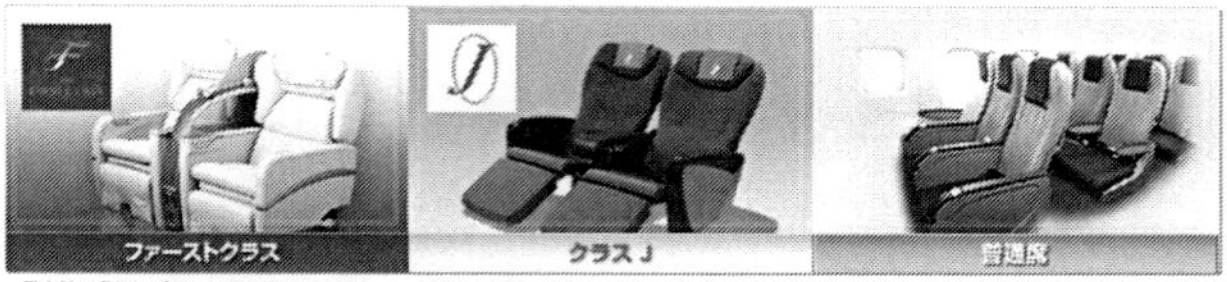

国内線の運賃にプラス8,000円で利用可能　国内線の運賃にプラス1,000円で利用可能

国内線ファーストクラス機内食（例）

JAL CAFÉ LINES
コーヒーのスペシャリストとの
共同開発によるオリジナルコーヒー。

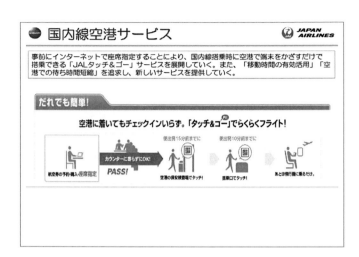

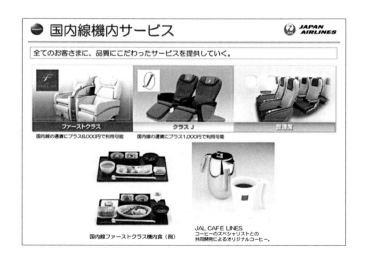

国内線のサービスについて触れられることが比較的少ないかと思いますが、日本航空には国内線にもファーストクラスがあります。また、クラスJという座席がありまして、普通席のチケットを持っていらっしゃれば、プラス一〇〇〇円でこういった座席をご利用頂けます。すごく人気があって、クラスJはいつもいっぱいです。一〇〇〇円というのは手ごろ感があるのかなと思いますが、少し遠くに行く場合は、この一〇〇〇円で座席のゆったり感が違いますので、いつも人気で、空席待ちが続いている状況だと思います。

国内線でも、ファーストクラスになると食事が出ます。毎月、いろいろなところのメニューを持ってきて、やっています。こういうところでも力を入れています（図：国内線機内サービス）。

先ほど申し上げましたけれども、定時到着率世界一位をずっと取っています（図：国際線／国内線の定時到着）。これは我々にとって非常に大事でして、世界一、定時に運航するのだというところが、我々の商品としての売りの一つでありますので、ここは引き続き頑張っていきたいと思います。

六〇分近くお話ししました。我々の戦略についてはここまでとして、あと少しだけ時間を頂いて、ここからは日本航空の仕事について少し触れさせて頂きたいと思います。

日本航空にはいろいろな仕事があります。旅客営業、予約・発券というところがあります。営業

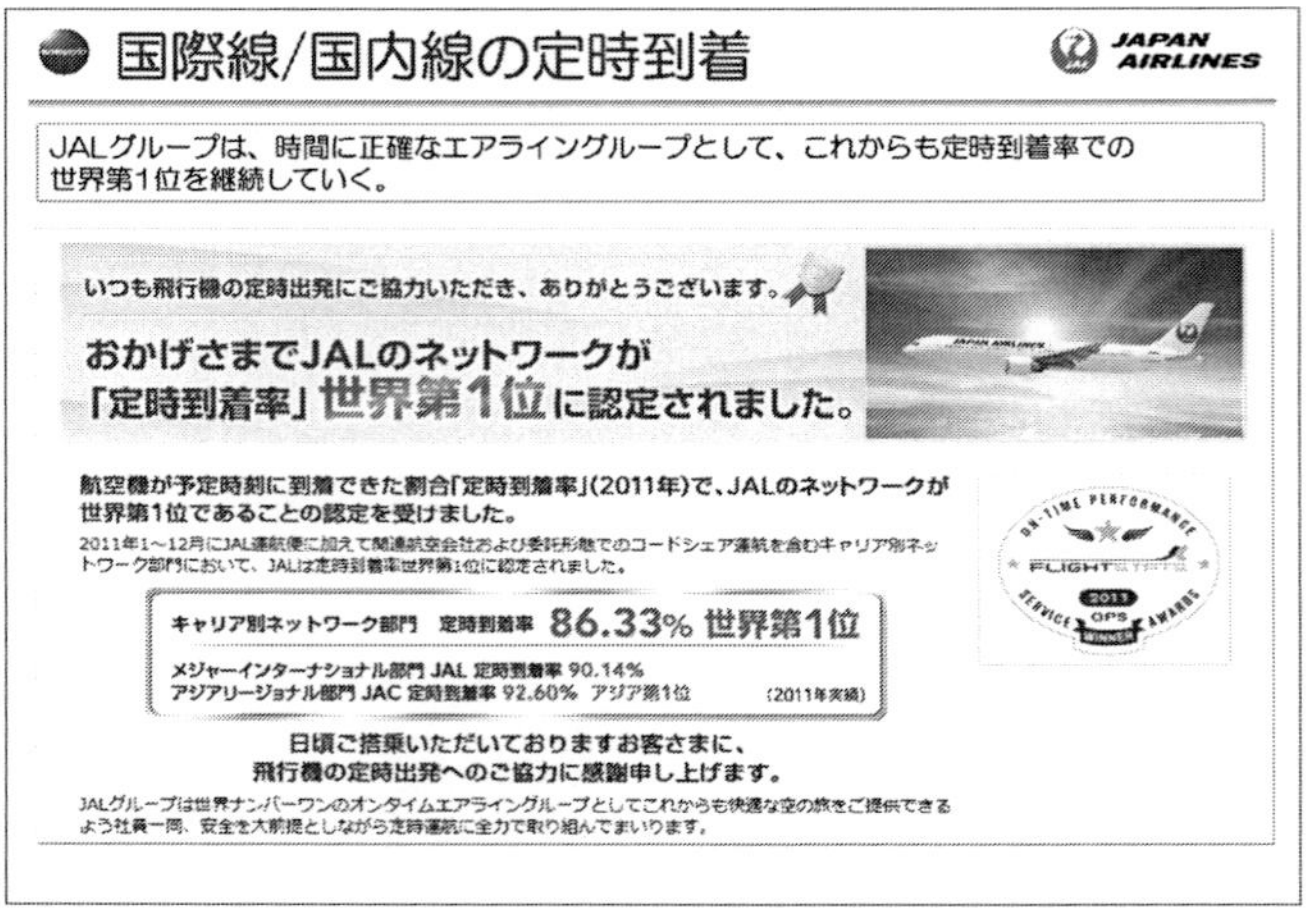
国際線/国内線の定時到着
JAPAN AIRLINES
JALグループは、時間に正確なエアライングループとして、これからも定時到着率での世界第1位を継続していく。
いつも飛行機の定時出発にご協力いただき、ありがとうございます。
おかげさまでJALのネットワークが
「定時到着率」世界第1位に認定されました。
航空機が予定時刻に到着できた割合「定時到着率」(2011年)で、JALのネットワークが世界第1位であることの認定を受けました。
2011年1～12月にJAL運航便に加えて関連航空会社および委託形態でのコードシェア運航を含むキャリア別ネットワーク部門において、JALは定時到着率世界第1位に認定されました。
キャリア別ネットワーク部門　定時到着率 86.33% 世界第1位
メジャーインターナショナル部門 JAL 定時到着率 90.14%
アジアリージョナル部門 JAC 定時到着率 92.60%　アジア第1位
(2011年実績)
ON-TIME PERFORMANCE
SERVICE AWARDS
2011
WINNER
日頃ご搭乗いただいておりますお客さまに、
飛行機の定時出発へのご協力に感謝申し上げます。
JALグループは世界ナンバーワンのオンタイムエアライングループとしてこれからも快適な空の旅をご提供できるよう社員一同、安全を大前提としながら定時運航に全力で取り組んでまいります。

でも、貨物営業というものがあります（図：業務内容の紹介（営業／予約・発券））。

企業への営業というのは、メーカーさんへ行って、メーカーさんがつくった商品をうちの飛行機で運んでくださいとか、部品を運んでくださいという営業もあれば、貨物代理店への営業。これは、日通さんなどへ「ぜひ、日本航空をご利用ください」という営業活動。

それから、郵便事業。国際線ではエアメールがあります。世界中の郵便局が、我々にとっては非常に大事なお客さまです。予約は、皆さんよくご存じだと思います。

空港での業務内容です（図：業務内容の紹介（空港））。一般的には、チェックインをする仕事がわかりやすいと思います。大阪では、伊丹でＪＡＬス

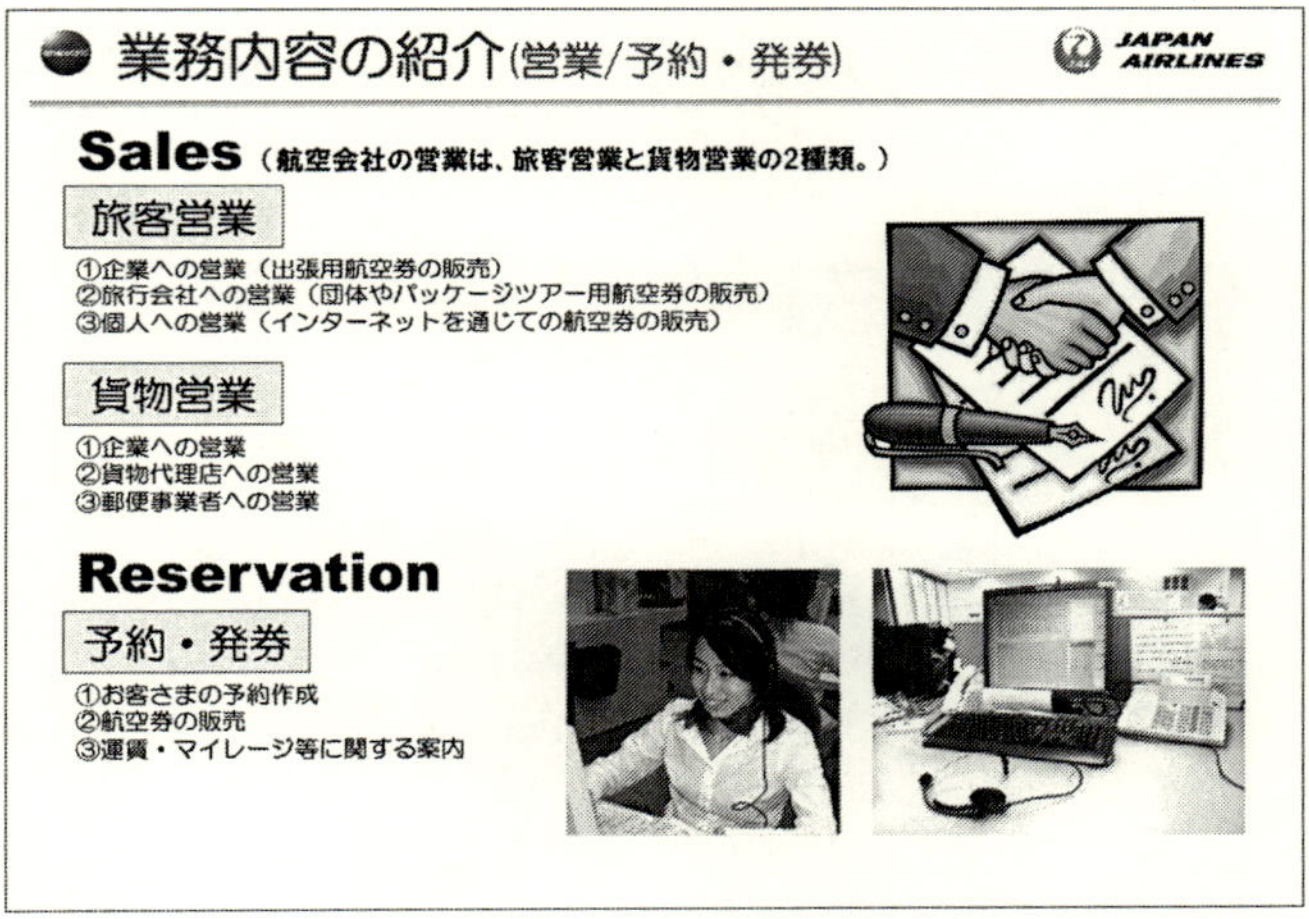
業務内容の紹介(営業/予約・発券)
JAPAN AIRLINES
Sales（航空会社の営業は、旅客営業と貨物営業の2種類。）
旅客営業
①企業への営業（出張用航空券の販売）
②旅行会社への営業（団体やパッケージツアー用航空券の販売）
③個人への営業（インターネットを通じての航空券の販売）
貨物営業
①企業への営業
②貨物代理店への営業
③郵便事業者への営業
Reservation
予約・発券
①お客さまの予約作成
②航空券の販売
③運賃・マイレージ等に関する案内

業務内容の紹介(空港)
JAPAN AIRLINES
Airport
旅客
①搭乗手続き（チェックイン、手荷物の預かり、機内食の手配等）
②乗継ぎ案内
③到着手続き（お預かり手荷物の返却等）
貨物
①航空機への貨物の搭載
②航空機からの貨物の取り降ろし
③輸出入関連手続き
整備
①出発前に実施する飛行前点検
②格納庫において細かい点検・修理をする定期整備

業務内容の紹介(運航)
JAPAN AIRLINES
Flight Operation
運航乗務
航空機の操縦を行い、お客さまを安全、定時、快適に目的地まで運ぶのが主な業務。
また、飛行中の様々なシチュエーションを想定し、日頃からシミュレーター等を用いて
繰り返し訓練を行い、安全運航の堅持に努める。
運航管理
その日の気象状況により飛行計画を決定、運航乗務員に運航情報を提供するのが主な業務。
また、航空機が正常に飛んでいるかどうかを監視し、航路上に乱気流が発生している等の危険が
予想される場合は、飛行中の運航乗務員に安全な航路を連絡する。
JAPAN AIRLINES

カイ大阪という会社を持っています。日本航空が一〇〇パーセント出資のグループ会社ですが、ここのスタッフに空港のチェックイン業務等をお願いしています。ここにも毎年、多くの新人の方が入っているというところです。空港だけではなくて、予約も同じで、ＪＡＬナビアという会社がありまして、ここで予約業務をやっております。ここでも新人の方を募集して、毎年、入っているという状況であります。貨物、整備については割愛させて頂きます。

運航乗務と運航管理です（図：業務内容の紹介（運航））。パイロットは、おわかりになると思います。今、日本航空はパイロットの採用を止めている状況ですが、少し前までの状況で言えば、一般の大学を卒業して入っている方がほとんどです。学部は問いませんので、理系でも文系でもかまわないです

業務内容の紹介(客室サービス)
JAPAN AIRLINES
Cabin Service
客室乗務
航空機内において、お客さまに快適なフライトを提供すると同時に、保安要員として
お客さまの安全を守るのが主な業務。専門訓練で身につけた知識を活かして、
親しみやすく、あたたかいサービスを提供する。

が、例えば経済学部を卒業して日本航空に入って、初めて飛行機の操縦訓練に入るという方がほとんどです。専門的なライセンスとか資格を持って入ってくる方を採用するということは、ほとんどなくて、基礎知識から学ぶ状態で入社する方がほとんどです。ただ、今は止めています。これはグループ会社によって違いますので、日本航空本体のことで言えば、そういう状況です。

客室乗務員もわかりやすいと思います（図：業務内容の紹介（客室サービス））。今、新卒の客室乗務員の面接がちょうど終わったところです。後のページに出てきますけれども、日本航空は新卒採用だけではなく、既卒採用もやっています。既卒というのは何かというと、いったん大学を卒業して別の会社に入ります。例えば、金融機関に入ったけれども、

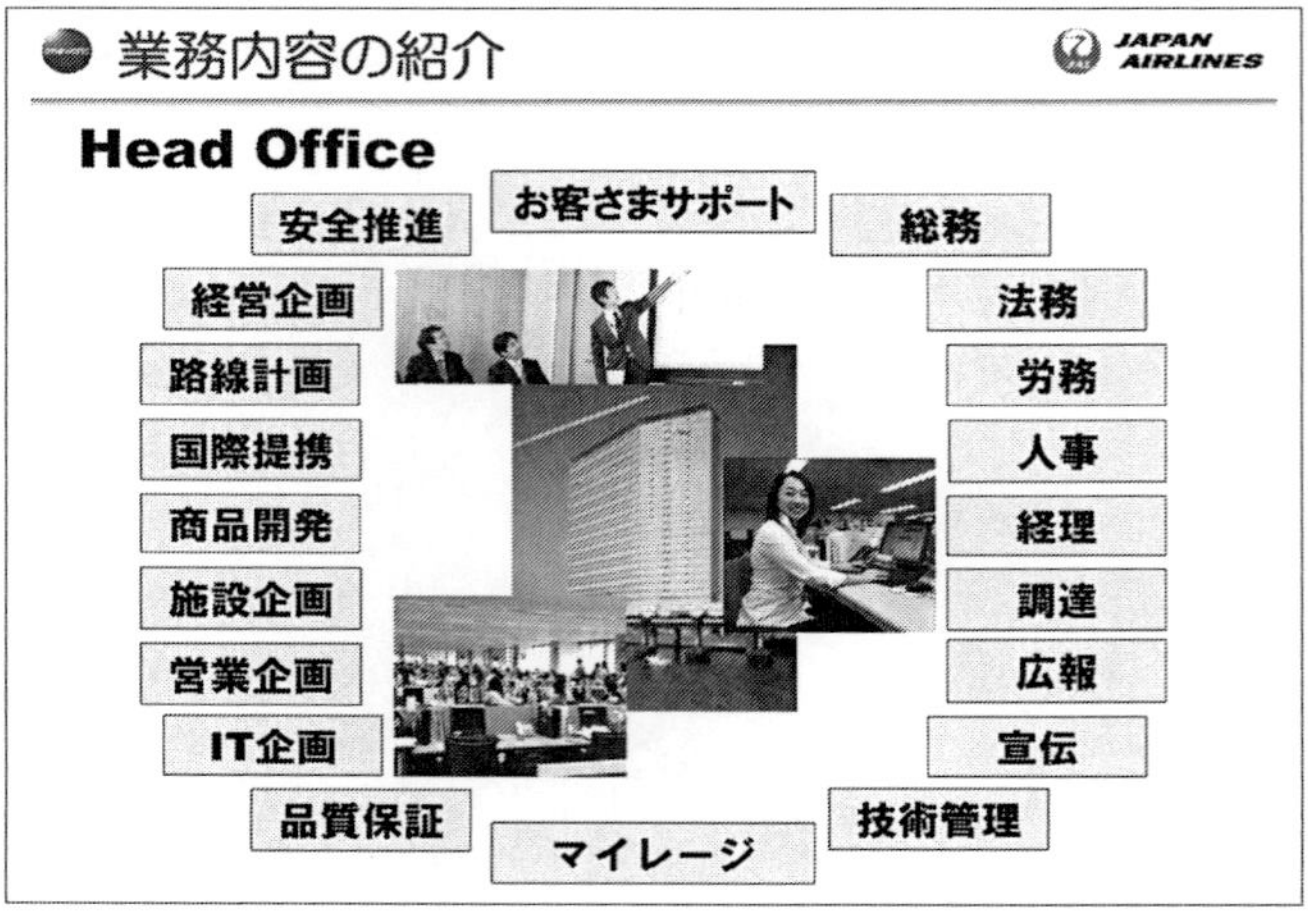

客室乗務員の仕事をやってみたいと思ったら、翌年、日本航空の既卒試験を受けて入ってくるといった方はかなりいらっしゃいます。

これが我々の会社の組織図です（図：業務内容の紹介）。一般的な会社と同じですね。メーカーさんも、航空会社も、経営企画もあれば、法務、人事、労務、宣伝もあると思います。業務企画職で入れば、あらゆる分野を担当する可能性があるというのは、他の会社でも同じではないかと思います。

先ほど申し上げたように、どういったところで日本航空は戦っていくのかとか、何をやりたいのかということに興味があれば、経営企画のような部署を希望すればよいと思いますし、マーケティングをやりたい、マイレージ戦略をやりたいとか、宣伝をやりたいとか、皆さんそれぞれの思いがあると思いま

日本航空の採用情報（参考）

JAPAN AIRLINES

2014年度入社採用　【新卒】募集要項

募集職種
業務企画職（地上職事務系）
応募資格
2013年4月～2014年3月までに4年制大学または大学院を卒業・修了見込みの方。
※学部/学科/国籍/性別は問いません。
採用予定数
65名程度
選考方法
書類選考・面接試験・筆記試験 等
※一次選考および二次選考は札幌、仙台、東京、名古屋、大阪、福岡で開催、その後は東京での開催予定です。

募集職種
客室乗務職
応募資格
2013年4月より2014年3月までの間に専門学校・短期大学・4年制大学または大学院を卒業見込みの方。
TOEIC600点以上、または同程度の英語力を有すること。（証明書類の提出は別途通知します。）
航空機乗務に支障なく、心身ともに健康な方。コンタクト矯正視力が1.0以上の方。
羽田空港まで半径40㎞以内で、かつ公共交通機関を利用し90分以内で通勤可能な圏内に居住の方。
採用予定数
200名程度
選考方法
書類選考・面接試験・筆記試験・健康診断・体力測定・適性検査 等
※一次選考のみ札幌、仙台、東京、名古屋、大阪、福岡で開催、その後は東京での開催です。

すので、自分のやりたい仕事につけるように努力されることをお勧めします。

就職活動は会社に入ることが目標ではなくて、会社に入ってから、そこで何を結果として出すかが大事ですから、入ることは最初のステップであって、入ることをゴールにしてしまったらいけないと思います。そこで何をやりたいのかということを考える方が大事です。

これは募集要項をリストアップしました（図：日本航空の採用情報（参考））。上は業務企画職です。今年は六五名ですから、採用数としては多かったんですね。日本航空は五〇名ぐらいの採用数で、年によって違いますけれども、今年は六五名でした。学部も学科も問いませんし、大学名も。実は、試験官は大学名も学部もまったく見ておりません。そういうものを渡

日本航空の採用情報（参考）

JAPAN AIRLINES

2014年度入社採用　【既卒】募集要項

募集職種
客室乗務職
応募資格
2013年8月末時点で専門学校・短期大学・4年制大学または大学院を卒業・修了されている方。
TOEIC600点以上、または同程度の英語力を有すること。（証明書類の提出は別途通知します。）
航空機乗務に支障なく、心身ともに健康な方。コンタクト矯正視力が1.0以上の方。
羽田空港まで半径40km以内で、かつ公共交通機関を利用し90分以内で通勤可能な圏内に居住の方。
採用予定数
相当数
選考方法
書類選考・面接試験・筆記試験・健康診断・体力測定・適性検査 等
※一次選考のみ札幌、仙台、東京、名古屋、大阪、福岡で開催、その後は東京での開催です。

されていないで面接をすることになっています。ですから、「関西学院大学の〇〇です」と言われて、関学の方だとわかることはありますが、通常、面接官は何もわからない状態で面接をしています。つまり、学歴等を見るのではなくて、その人を見たいということで面接をしています。

下は客室乗務員です。特別なことはないですけど、ＴＯＥＩＣで六〇〇点ぐらいは取ってくださいということを一つ触れています。六〇〇点というのはそれなりに難しいと思います。業務企画職も、以前は七三〇点ぐらいの目標を入れていたと思いますが、今は記載していません。入るときに云々ではなくて、さっき申し上げたように、世界で仕事をしようと思うと、英語が話せないと仕事に不利です。実は、私は英語が苦手ですが、世界中を飛び回る仕事をずっとしてきましたので、話す機会には恵まれるというか、慣れていきますので、そこにどうチャレンジしていくかだと思います。客室乗務員の人たちには、こういうことを条件にしていますので、もし興味があって、受けようと思えば、ＴＯＥＩＣで六〇〇点ぐらいをとっていくことを考えて頂ければと思います。

これは、まさに今やっている既卒のところです（図：日本航空の採用情報（参考）【既卒】）。今週から始まるところを参考までに挙げています。

私からの説明は以上です。どうもありがとうございました。

6　質疑応答

野村　中原さん、わかりやすいご説明をありがとうございました。

いろいろな航空会社はあるけれども、熱心に取り組まれているということで、授業で説明したことをつなげて理解してほしいなと思っています。

それでは、一五分しかありませんので、質問は簡潔にご発言して頂きたいと思います。学部と学年を教えてください。自由にどうぞ。

学生　貴重なお話をありがとうございます。経済学部二回生です。僕は飛行機が好きなので、『月刊エアライン』を買ったりするんですけど、今度、宇宙の成層圏ぐらいを速く飛ばす飛行機ができたりとかあると思うんですけど、九〇年代は航空会社が個別に競争をしていて、今はアライアンス間で競争して、将来いろいろな技術が出てきたり、アライアンス間でのサービスが飽和みたいな形になったとき、それがどういう形で動いていくのかなという展望というか、将来的に航空会社の競争はどういう感じになっていくのかを知りたくて質問させて頂きました。

中原　ありがとうございます。非常に難しいご質問かなと思いますけれども、まさに航空会社も、今ある会社がそのまま生き残っていくということではないのかなと思います。勝ち負けがある程度はっきりしてくる。会社によって、特徴のある会社が生き残っていくのかなと思います。単純に、ＬＣＣが全盛になって、フルサービス・キャリアが減っていくということもないと思いますので、よりニーズをつかんだ会社が勝ち残っていく。

その中で、これからどんな新しい技術が出てくるかですね。例えば、もうなくなりましたけど、コンコルドのように速く飛ぶ飛行機もあれば、もっと長く飛ぶ飛行機もあるかもしれない。それがネットワークの姿を大きく変えていくだろうと思います。例えば、私がいたブラジルへ行くには、必ずどこかで給油をしないと二四時間先の目的地には着かないわけですけれども、仮にダイレクトに届く便が出てくれれば姿は変わるでしょうし、そういったものを的確にとらえて、タイムリーに入れていくということが大事だろうと。

飛行機というのは、すごく先に注文していかないといけない、きわめて難しい買い物です。注文をして三年後、五年後に納品されるようなものですから、そのときの状況とか、そのときのマーケットをどう読んで、需要予測を立てていくか、その辺の力が大きく影響する業界だろうと思います。直接的な答えになっていないと思いますけれども、私からの答えとさせて頂きます。

野村　更に私からも尋ねさせてもらいますが、宇宙開発について何か動きはあるんでしょうか。ヴァージンは、社長みずからが宇宙旅行をすると発言されているようですが、そういう話はないですか。

中原　わが社は、そこのところは具体的にお話しできるものはないですね。

学生　神学部二回生です。今日はありがとうございました。

将来、例えば航空ではないにしても、働くときに、学生の間に身につけておいたらよかったなと思ったこととか、今、私たちに向けてのメッセージを聞けたらなと思いますので、お願いします。

中原　自分が何をやりたいのかというところで、普通、今これをやりたいというものが見つかっていないと思いますけれども、自分が社会に出て、将来何をやりたいのか、それをきちっと見つけることが大事だろうと思うんですね。

私が日本航空に入りたいと思った理由は、世界を飛んで回りたいという、きわめて単純な発想ですけれども、福岡出身で、福岡の田舎にいたんですが、かばん一つを持って世界中を飛んで回れるような仕事をしてみたいと強く思っていた。それで、どんな仕事があるかなと思ったときに日本航空を選んだわけです。

日本航空に入って、実際に世界中を出張で回るような仕事をずっとやってきました。海外での赴任もあります。会社の経営が苦しい時期もあって、つらいこともありましたけれども、やはり自分が好きで選んできた会社であって、実際、自分がやりたい仕事をやっている、自分が求めた生活をしていると実感するときがあるんです。これは自己満足の世界ですけど。でも、自分がこういう仕事をやりたかったな、この会社でよかったと思えるような瞬間があるのは、本人にとって幸せだろうと思います。

それは、外から見るとまったく別の次元の話ですね。日本航空はああだこうだ、と言われても、自分が好きであれば、それで満足できる。ですから、そういうものをしっかりと見極められるような、あるいは、自分は何に興味があるのかという目的意識を持って学生生活を過ごされるといいかなと。

技術的にいろいろなものを身につける、例えば英語の力をつけるとか、いろいろあると思いますけれども、単純にそういったことだけではなくて、自分はこれから何をやっていきたいのかというテーマというか気持ちを持って取り組んでいくと、学生生活の先が少し違うのかなと思います。参考になったかどうかわかりませんけれども、以上です。

野村　ありがとうございます。よろしいですか。ほかはどうでしょう。

参加者　一般参加でまいりました。
客室乗務員の採用ですけれども、先ほどお話がありましたように、最終面接まで行く方というのは、高い競争を勝ち抜いてこられた方ばかりだと思うんですけれども、最後の最後で残る数名の方々というのは、何か特徴といいますか、何が違うとか、共通して見られるような強さというものがありましたら、教えて頂けませんでしょうか。

中原　ありがとうございます。難しいご質問かなと思いますけれども、いちがいにこれが共通しているかどうかというのはわかりませんが、あくまで私の主観で申し上げると、第一印象の良い方が多いと思います。第一印象の強い方は実際に会った瞬間に「この人は、いいところまで行くんじゃないか」と感じることがありますね。
例えば、国際線はフライトタイムが長いですから、客室乗務員に接する時間があると思いますけれども、皆さんもお乗りになってわかると思いますけれども、国内線は、客室乗務員が来て「お飲み物は何になさいますか」という瞬間しか、お客さまと接する時間がないんです。でも、その瞬間に「この人は感じのいい客室乗務員だな」と思うか、あるいは、そうでないと思うか、皆さんも印象をお持ちになると思うんです。会社の中で統計をとったわけでもありませんし、分析しているわけでもありませんけれども、そういった傾向はあるかなと思います。お答えになったかどうか、わかりませんが。

野村　ほか、いかがですか。

学生　本日は貴重なお話をありがとうございます。法学部一回生です。日本航空の売り上げの中で、国内線はどれぐらいのシェアを占めているんでしょうか。

中原　旅客部門で比較すれば、全体の事業規模からいくと、国内線のほうが事業規模は大きいんです。ただ、売り上げ規模でいくと、収入ベースで五〇〇〇億弱です。ＪＡＬグループ全体で一兆二〇〇〇億円の売り上げがある中で、国内旅客の部分が五〇〇〇億円ぐらい、こういうイメージです。ですから、半分弱ですね。これは旅客事業だけですので、国内貨物を入れておりませんけれども、だいたいそういう規模だとお考え頂けますでしょうか。

野村　それは、世界のキャリアの中で高いほうなのか、あるいは低いほうなのか、わかりますか。

中原　おっしゃっているのは、国内のシェアという意味ですか。

野村　バランスです。売り上げに対するバランスが、メガキャリアは各社、同じような比率なのでしょうか。

中原　国内のシェアはかなり大きくなってきているほうだと思います。難しいのは、ヨーロッパのキャリアは、ご存じのように、ロンドンからパリへ行っても国際線としての収入が上がってきます。事実上、国内線区間のようなところも、国際線の収入として上がっています。ですから、欧州のキャリアは、ほとんどが国際線の売り上げだと思いますので、そういったところに比べればかなり大きいですけれども、先生もご存じのように、アメリカのキャリアは国内の規模がかなり大きいですから。

そういう意味では、全体から見れば、それなりの規模の国内線収入を持っている会社になっていると思います。

野村　ほかはどうでしょうか。よろしいでしょうか。

そうしましたら、手元にあるコメント用紙は、いつもは私の授業に対するものですが、今日はできるだけ講演してくださったスピーカーに対してのコメントとして書いて頂くとありがたいと思います。

時間となりましたので、ここで終わらせて頂いてよろしいでしょうか。本日は産業研究所の講演会として、学外の方もいらっしゃっていますし、他学部の方も大勢参加して頂きまして、ありがとうございました。

最後に中原さまに、もう一度拍手をもってお礼としたいと思います。どうもありがとうございました。

中原　ありがとうございました。

第2章

我が国の空港経営改革の動向
金融とコンサル業界の現場から

1　はじめに

阿部　皆さん、こんにちは。みずほ総合研究所の阿部と申します。本日はまずこのような時間をつくって頂きましてお礼申し上げます。

先ほど野村先生からご紹介頂きました通り、私も高橋も、ともに銀行員でございます。私は銀行に籍を置きつつ、グループのシンクタンクであるみずほ総合研究所に所属し、そこで、空港や道路、上下水道、港湾等、インフラストラクチャーと言われている社会資本に対して、いかに民間の知恵と工夫を導入して行政と民間が上手にコラボできないか、というような政策や政策決定プロセスにかかわる業務に従事しています。

したがいまして、私の主たるお客様は、近畿圏で言えば、例えば大阪市や大阪府等、いわゆる行政と言われている方々が大半で、公務員の方々とお話をさせて頂いております。弊社は東京に拠点がございますので、霞が関といえばご存じかもしれませんが、先ほど高橋が国土交通省航空局に、昔、出向していたという経験があるというご紹介を受けましたが、中央官庁の方々も私どものお客様でございます。インフラと言われているもののほとんどは、行政の方々が一手に権利を握られて運営をされてきた歴史がありますが、今では、そうした仕組みにも限界が出始めてきているのも事実です。皆さんも、日本が九〇〇兆円程度借金をしてるという話を聞いたことがあるかもしれませんが、国もお金がなくなりつつある一方で、インフラは大きな構造物ですから、維持や拡張をしていくにも多くのお金がかかります。かなりの規模の財政、要は税金を使っていくことにも限界がでてきています。そこで、今、お金が余っているのはどこかというと、民間セクターに余剰があるので、この余剰と、民間の知恵をうまく導入しながら今後のインフラを上手につくり上げていくための仕組みづくりに係る仕事に携わらせて頂いているということです。

今日、空港というテーマでこの場へお伺いをしましたが、なぜ金融機関のみずほが、空港についてこのような仕事をやっているのかと、少し不思議に感じたかと思います。これが例えば成田空港やＪＡＬ、ＡＮＡ等のような空港や航空に係る業界の方々であれば非常になじみもありますし、皆さんも理解しやすいと思います。私どもみずほが、なぜこのような分野に関係しているのかというのは、先ほど申し上げたように空港もインフラの一つで、巨大な建物や設備を抱えているわけですが、こうした類のものを維持し、又は改良していくには、巨額な資金が必要になってきます。数億円レベルの金額ではなくて、数百億円、場合によっては、最近関空などが世間で話題になっていますが、関空クラスであれば数千億円レベルでのお金の話になってきますので、これだけの規模の資金をいかに民間から供与していくのかというようなことを考えていく必要があります。我々のような金融機関グループは普段からファイナンス面からかかわっている関係もあり、今日このような場にお邪魔させて頂く貴重な機会を頂戴するに至った次第です。

今日は、現在、我が国の空港に関して主にどのような話が進んでいて、どういったところが今後の課題となっており、実際に我々がビジネスの現場に立ち会っていると、現場の第一線からはこんな声が上がってきていますよ、というような実業界の雰囲気を少しでもお届けできたら、と思っています。また、このような業務を通じて、私は今年で社会に出てから十二、三年たち、高橋も今年で七年目で、それなりに社会経験を積んで働いてる者が、こうした職場で働いている、ということを少しでもイメージして頂ければと思っています。ここにいる皆さんが将来、就職活動等をされる際に、我々のような業界もあるということを感じとって頂ければ幸いに思います。

詳しいところにつきましては、これからお手元のレジュメに沿いまして内容をご説明していきたいと思います。内容は、それなりにハードといいますか、皆さんに、普段なじみのないものが散りばめられておりますので、これだけ大教室なので手を挙げるのは難しいかもしれませんが、セクションで切っていきながらご質問も受けながら話を進めていきたいと思っています。

それでは、高橋から、パワーポイントのスライドに基づいてご説明を申し上げます。

2 〈みずほ〉のＰＰＰ取組み体制

高橋　まず、みずほのＰＰＰ・ＰＦＩ取組み体制について簡単にご紹介しようと思います。その後、そもそもＰＰＰ・ＰＦＩとは一体何なのかということを踏まえて、今回ご説明させて頂く空港経営改革がＰＰＰ・ＰＦＩ全体の流れの中でどう位置づけられているのか、また個別の空港の動き

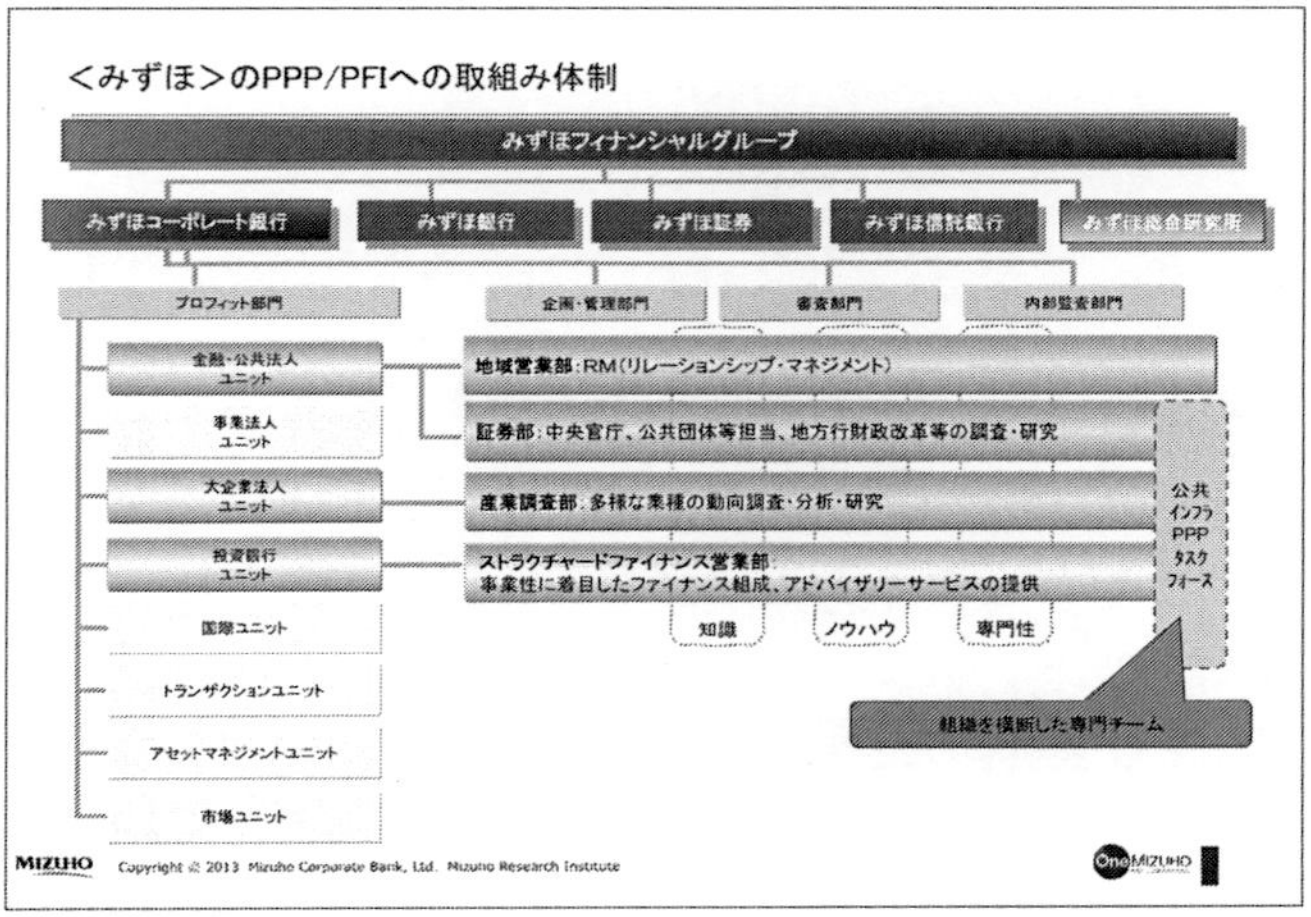

がどうなっているのかといった説明をさせて頂ければと思います。また、最後に金融機関としてどういったところに着目しながら、空港へのファイナンスを供与していくのかということも、時間があればご紹介したいと思います。

　阿部が申し上げたとおりの内容になりますが、みずほフィナンシャルグループの中にみずほコーポレート銀行（現みずほ銀行）とみずほ総合研究所という会社がありまして、私は証券部というところに所属しているのですが、そこで主に中央官庁や地方自治体など公共セクターの担当をさせて頂いています。また、図：〈みずほ〉のＰＰＰ／ＰＦＩへの取組み体制にございますように、二年ほど前から公共インフラＰＰＰタスクフォースという組織横断的な専門チームを立ち上げておりま

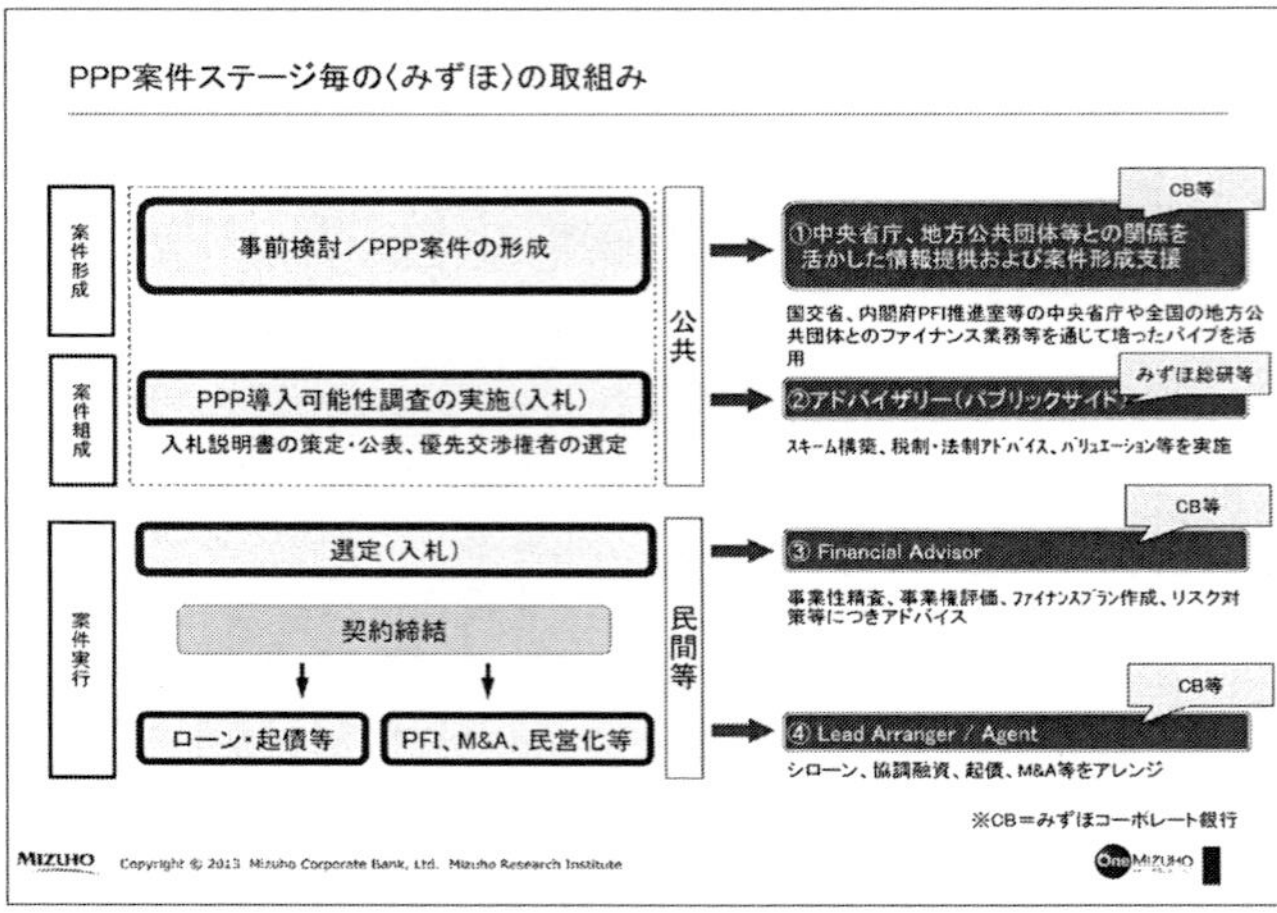

して、実際のファイナンス組成を担当するような部署と連携して、ＰＰＰ・ＰＦＩ分野をフォローするという体制をとっています。

　案件ステージごとの取組みということなのですが、まだ具体的な案件が見えてくる前の案件形成の段階、今回で言えば空港経営改革をどうやって進めていくのか、といったことについて、国・地方、あるいは民間の方々とも議論させて頂きながら、政策動向をフォローしていくということで、ここは私の所属する証券部などが中心になって動いております（図：ＰＰＰ案件ステージ毎の〈みずほ〉の取組み）。

　その後、案件組成の段階、具体的に個別の空港について民営化の検討を行う等の話が出てくると、これは主にみずほ総合研究所でということになりますが、中央官庁や自治体から調査を受託して一年程度かけて報告書を作るなどして制度設計のお手伝いをし、最後、実際に案件化すればファイナンスが必要になるということで、また銀行のファイナンス組成を担当する部隊が出てくる、というような全体のフローを想定しながら動いています。

3　ＰＰＰ・ＰＦＩとは

さて、ＰＰＰ・ＰＦＩとは何なのか、ということで、皆さんなじみのない言葉だと思うのですが、ＰＰＰというのはPublic Private Partnershipの略で、日本語に訳すと官民連携です。また、ＰＦＩというのはPrivate Finance Initiativeの略で、ＰＰＰの中でも特に民間資金の活用といった資金調達面に着目した枠組みということになるのですが、表の概念図をご覧頂くと分かりますように、ＰＰＰというのは幅広い概念で、官民連携の枠組みであれば基本的になんでもということで、指定管理者制度やジョイントベンチャー、第三セクターなどもＰＰＰですし、あるいは民営化もＰＰＰの一つの形ということで、こういったもの全て含む包括的な概念がＰＰＰだと言われています（図：ＰＰＰ／ＰＦＩとは）。

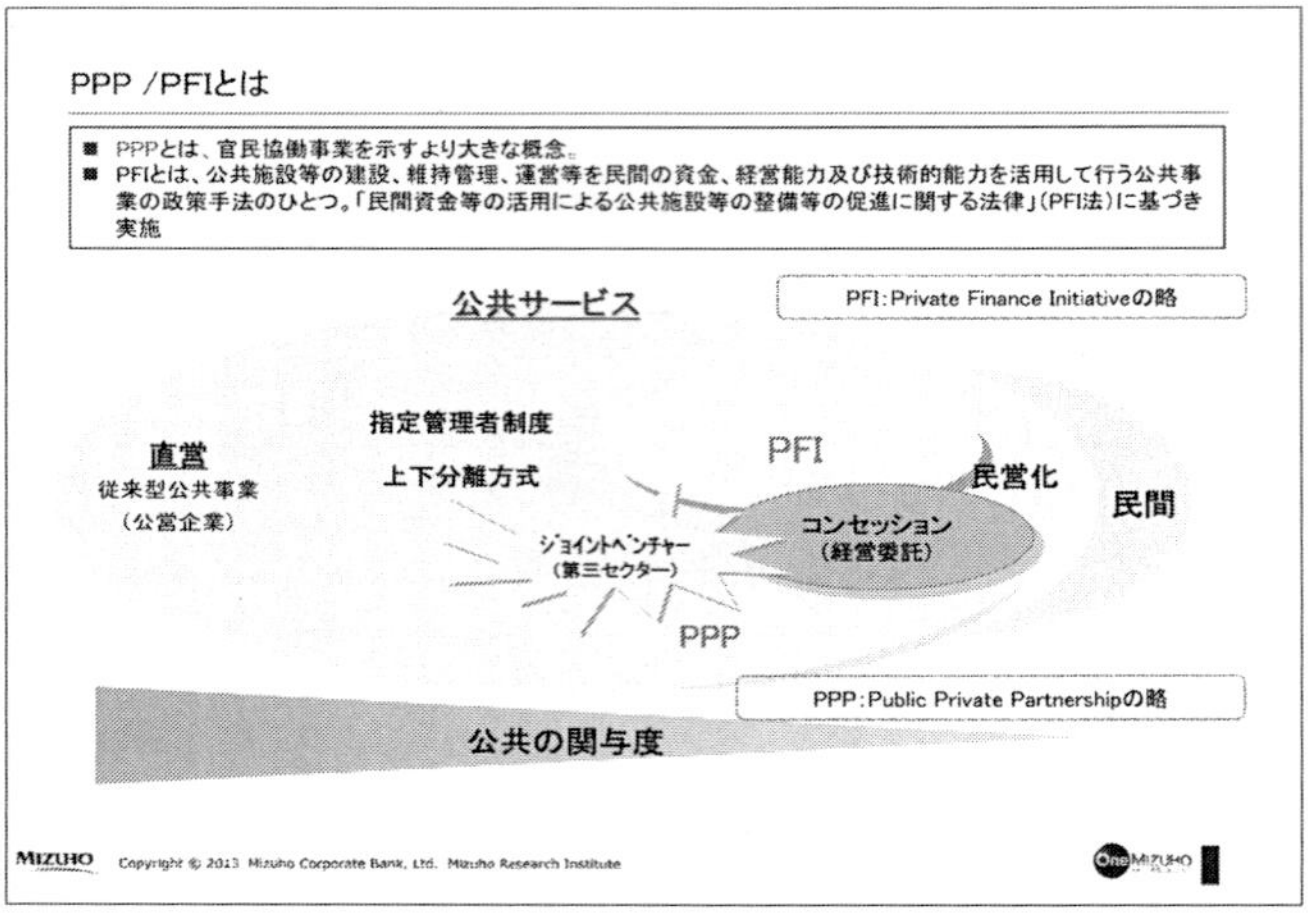

一方でＰＦＩというのは、ややテクニカルな話になりますが、ＰＰＰの中でも、「民間資金等の活用による公共施設等の整備等の促進に関する法律」、いわゆるＰＦＩ法の枠組みの中で行われる事業を言います。また、「コンセッション」と書いていますが、これはＰＦＩ法の改正によって設けられた制度でして、空港経営改革では特にこれを活用していこうという話になっています。コンセッションというのは、大雑把に言って民営化の一歩手前のような仕組みで、所有権は国が施設を持ったまま、三〇年だったら三〇年、施設を運営する権利を民間に与えるといった制度なのですが、これはまた後ほどご説明します。

我が国におけるＰＰＰ・ＰＦＩを巡る政策動向ということで、二〇一〇年頃から注目度が上がってき

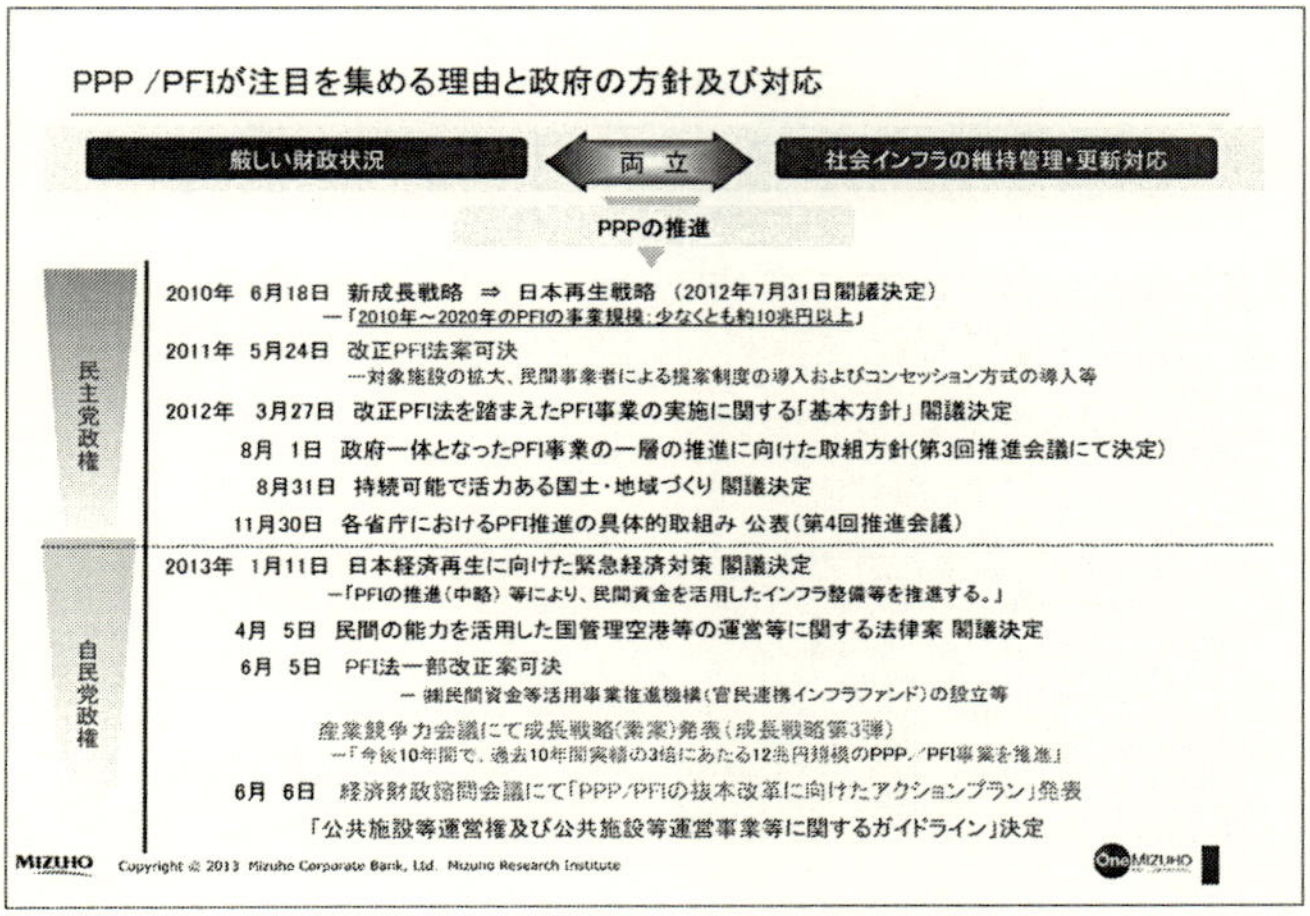

ており、今申し上げたコンセッションという制度が二〇一一年五月のＰＦＩ法改正で成立しています。その後自民党政権に交代したわけですが、引き続きＰＰＰ・ＰＦＩの活用はテーマになっており、六月五日にはＰＦＩ法が再改正され、また産業競争力会議や経済財政諮問会議の中でもＰＰＰ・ＰＦＩを、空港も含めて、一層推進していきましょうと言われているということです（図：ＰＰＰ／ＰＦＩが注目を集める理由と政府の方針及び対応）。

大雑把に言って、産業競争力会議は、主に個別の産業の成長戦略をどのように描いていくか、ということを議論する場で、経済財政諮問会議は、国の財政・予算をどう設計していくか、ということを議論する場ですので、民間の成長戦略としてＰＰＰ・ＰＦＩを進めていこうということと、財政負担の軽減

産業競争力会議におけるPPP/PFIについて

- 自民党政権における経済再生の司令塔として日本経済再生本部を内閣に設置。さらに、我が国産業の競争力強化や国際展開に向けた成長戦略の具現化と推進について調査審議するため、日本経済再生本部の下に産業競争力会議が設置されたもの。当行も委員として参加。
- インフラの維持更新、PPP・PFIについても、主に「立地競争力の強化」の中で議論されたところ。

項目	内容
「国家戦略特区」の実現	「国家戦略特区ワーキンググループ」での検討等、特区推進体制の整備
公共施設等運営権等の民間開放 (PPP/PFIの活用拡大)	・コンセッション方式の対象拡大 ⇒空港(国管理空港等)、上下水道事業、道路(地方道路公社の有料道路事業) ・多様な手法の活用 ⇒収益施設・公的不動産活用・民間都市開発との連携などによる既存施設の更新投資の推進、都市と高速道路(首都高速道路)の一体的な再生にPPP 事業活用推進 ・株式会社民間資金等活用事業推進機構(官民連携インフラファンド)の創設
空港・港湾など産業インフラの整備	首都圏空港の強化と都心アクセスの改善、物流ネットワークの強化
都市の競争力の向上	「国家戦略特区」の活用等による国際都市に向けた環境整備、都市・住環境の向上、コンパクトシティの実現
金融・資本市場の活性化	金融・資本市場活性化策の検討
公的・準公的資金の運用等	公的・準公的資金の運用等のあり方
環境・エネルギー制約の克服	電力システム改革の断行、安全性が確認された原子力発電の活用、高効率火力発電(石炭・LNG)の導入、LNG調達コストの低減、電気料金の抑制、石油・LPガスのサプライチェーンの維持・強化による安定供給確保、二国間オフセット・クレジット制度の本格導入

(出所) 産業競争力会議資料よりみずほコーポレート銀行作成

といった観点からもＰＰＰ・ＰＦＩを推進していこうという、両面からＰＰＰ・ＰＦＩの推進が求められていると言えるのではないかと思います。

上の図は産業競争力会議におけるＰＰＰ・ＰＦＩの位置づけということでして、二項目をご覧頂きたいのですが、ＰＰＰ・ＰＦＩの対象拡大という項目の中で、空港・上下水道・道路といった公共施設についてコンセッションを活用していきましょうということでしたり、多様な手法、つまり収益施設の併設・公的不動産の活用といったＰＰＰ的手法も積極的に活用していこうということが謳われています。

また、民間資金等活用事業推進機構の創設、これはいわゆる官民連携インフラファンドでして、産業革新機構とか企業再生支援機構とか、ＪＡＬの再生の話の中で名前を聞いたこともあると思いますが、

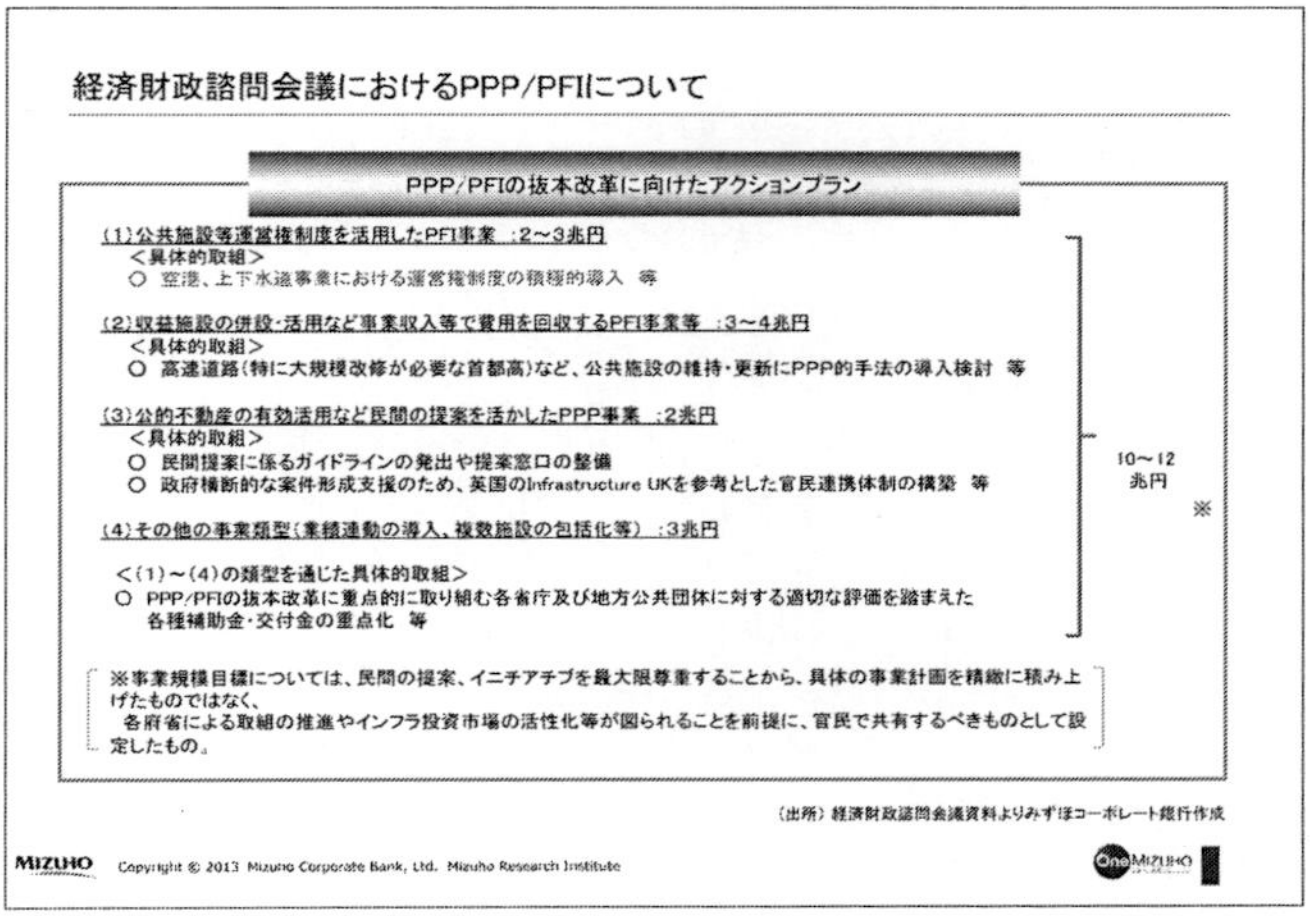

端的に言うと、官と民でお金を出し合って、官のリスクマネーと民のノウハウを上手く活用して企業再生を進めていこうという動きだったわけですけど、今回のPFIの推進についても、そういった官民連携ファンドを活用していこうという動きが出てきているということです。

上の図は経済財政諮問会議におけるPPP、PFIの取り扱いですが、今後一〇年間で一〇兆円から一二兆円のPPP、PFI案件を創出していこうということが謳われています。本当に実現すればかなり巨大なマーケットになりますので、我々としても注目している訳ですが、空港・上下水道といったインフラのコンセッションについても二～三兆円という目標が掲げられており、こういった目標も念頭に置きつつPPP・PFI推進のための各種施策が行

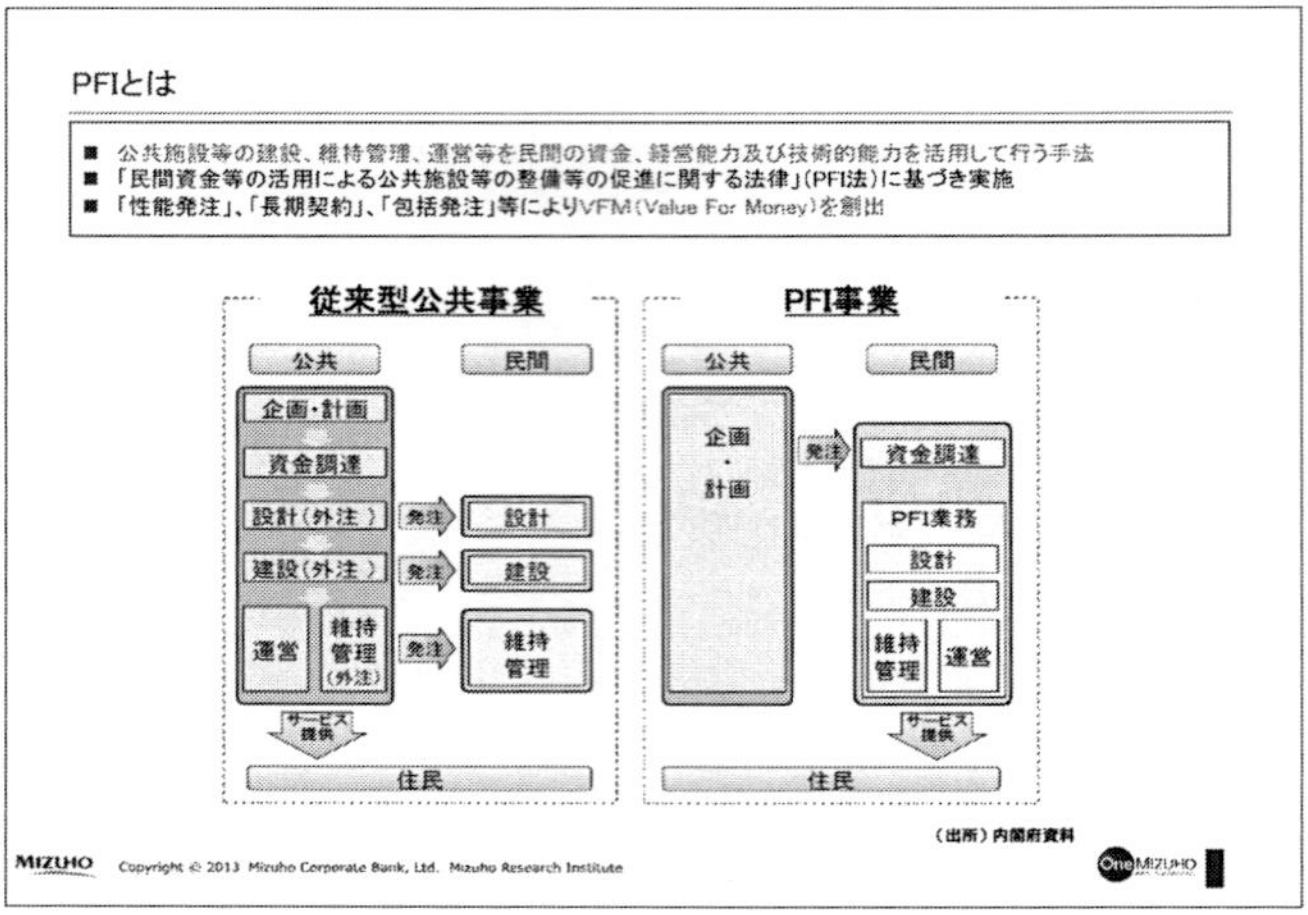

われていくということかと思われます。

　さて、これまでＰＦＩ、ＰＦＩと言ってきたのですが、なかなかイメージが湧きにくいところもあると思いますので、改めて図：PFIとはをご覧頂きたいのですが、公共事業という枠組みでは、通常、設計・建設・維持管理をそれぞれ別々の業者、設計事務所やゼネコン等に発注している訳ですけど、民間の創意工夫をより発揮させるため、もっと民間の裁量を増やせるようにということで、資金調達も含めて民間に企画段階から一括して発注するというのがＰＦＩの基本的な考え方になります。

　左頁の図は二〇一一年のＰＦＩ法の改正の概要ですが、③のところにコンセッション方式の導入とあります。具体的な説明は次のスライドになりますが、施設の所有権、空港の場合でしたら空港の滑走

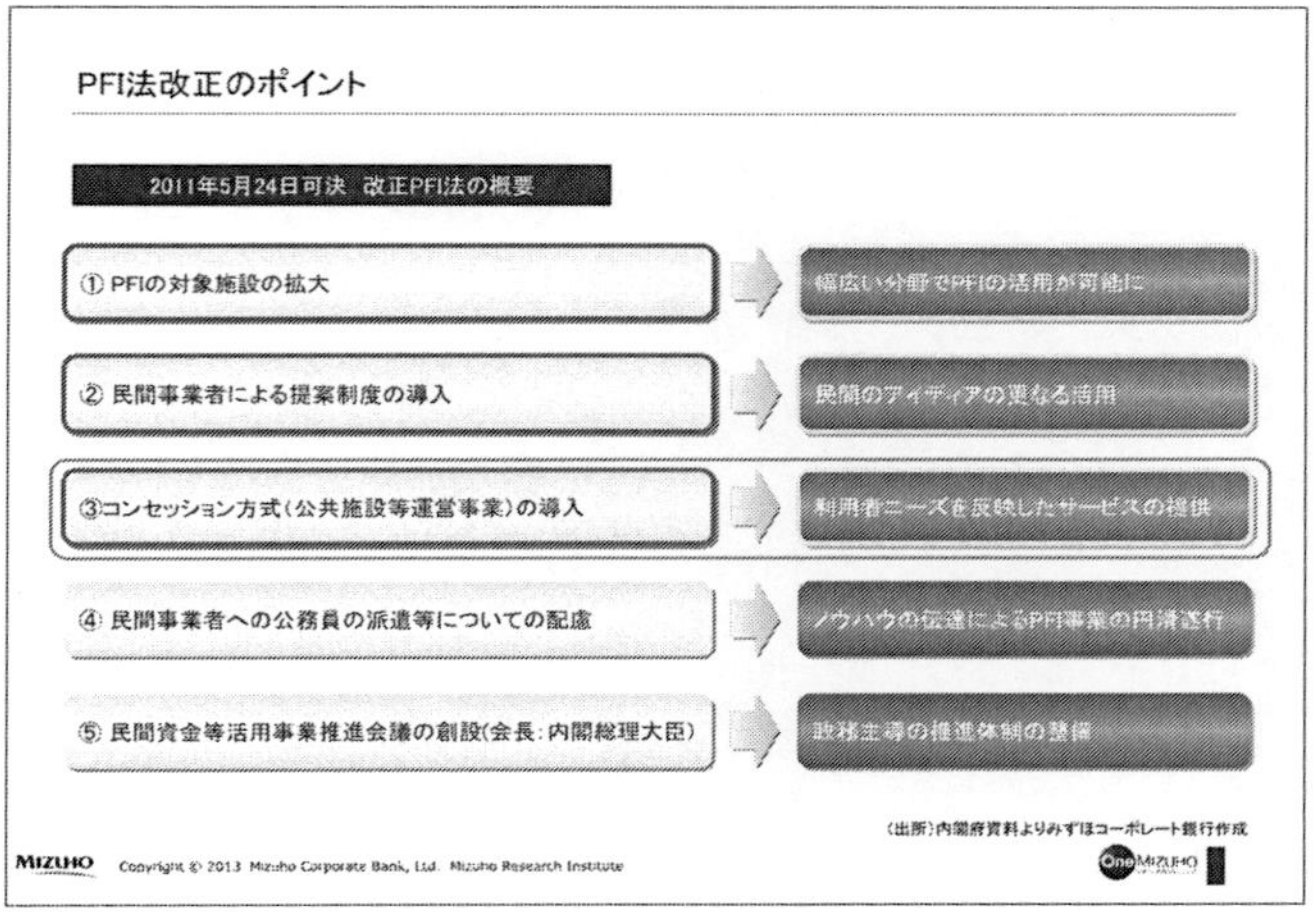

路などの基本施設は国が所有しているわけですが、施設そのものは国が引き続き所有しつつ、三〇年だったら三〇年運営する権利を民間事業者に与えて、民間事業者は料金の設定や設備投資も自分で行うということで、ほぼ民営化に近い形で施設を運営するということです。

従来からこれに類似する制度として指定管理者制度などが存在しましたが、料金の決定権は公共に残されるなど経営の自由度は限定されるので、こうした新たな枠組みが設けられたということです。

また、運営権の取得にあたってはファイナンスが必要になりますので、金融機関としても新たなビジネスということで、こうやって色々と調査研究していると理解してもらえればと思います。

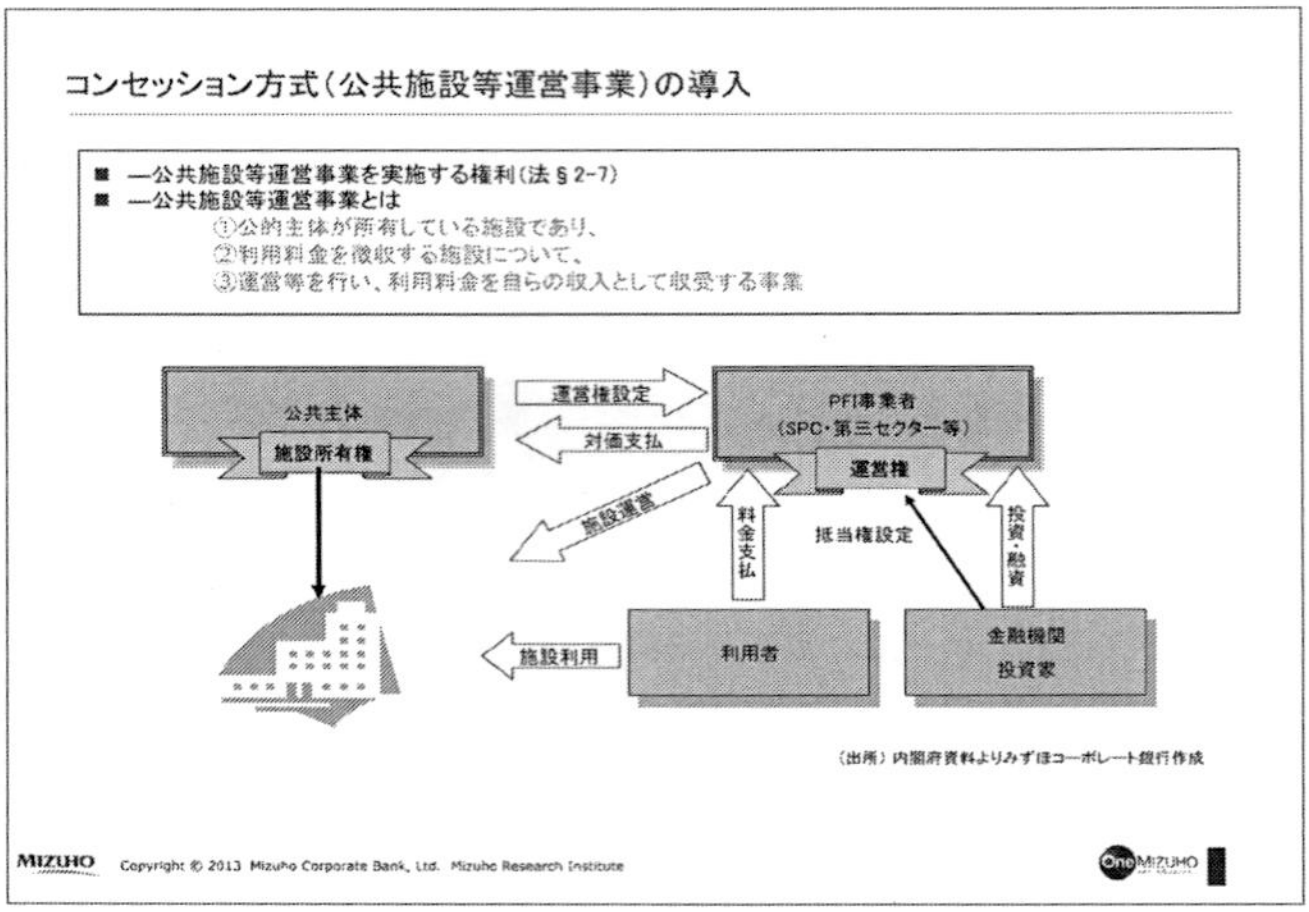

阿部　すみません、先ほどからコンセッションという、よくわからない言葉が飛び交っていると思いますので、もう一回ご説明をします。

図：コンセッション方式（公共施設等運営事業）の導入は、皆さんにとってはとてもなじみのない表が記載されていると思います。コンセッションという一見すると難しい言葉を使っていますが、細かい部分はさておき、本質的な制度趣旨の説明に焦点を当てて、身近な事例に例えれば、ホテルがあります。外資系ホテルなどでは、ホテルの建物は、このページの表の施設に当たるものだと思って下さい。外資系ホテルは、自前で建物を持って運営しているわけではないのです。あくまで日本の事業者が建物をつくり、所有もしていますが、外資系はホテルの運営部分、例えば接客ノウハウや、宿泊マネジメン

ト等がとても優れているといわれているので、建物とか中身のものを使ってもらいながら、ホテル運営の部分だけを外資系の方々に委託してお願いしていることが多いです。ホテルの事例は、民間企業で行われる仕組みですが、少々雑駁な言い方をすると、これに近いものを公共に導入すると考えて頂ければわかりやすいのではないかと思います。

空港もそうですが、先ほど申し上げた上下水道等は、地中に埋まってるのでわからないかもしれませんが、道路の下に管路がたくさん通っていて、そこに水が流れて皆さんの家の蛇口まで水が届いているわけです。こうした施設は、行政の方々が持っていて、それを運営しているのも今は行政の方が行っています。水道事業に係る運営部分だけを権利化して、公共が持っている施設を民間の事業者が使いながら、民間の創意工夫を発揮して運営していく仕組みがコンセッションだとご理解ください。

コンセッションというとわかりにくいと思いますが、簡単に言えば、理論上、運営だけを切り出しますという考え方が成り立つので、運営部分だけを民間に切り出してあげて、そこに民間の知恵を入れていくということです。国の財政が逼迫してきているため、運営まで含めた全ての面倒を見切れなくなってきているので、民間のお金を使って上手にやってもらいましょうということです。民間のほうがより効率的に色々なことができると言われているので、効率的で、かつパフォーマンスもいいものをつくり上げていきましょうということです。こうしたことを空港でもやっていけたら、という話だとご理解ください。

高橋　今、阿部から申し上げたように、民間で経営委託というのは当たり前のことですけど、公共施設の運営というのは法律に縛られている世界でこれまでなかなか自由にできなかったのが、コンセッションという新たな制度を設けることなどにより、そういったことも行えるようになった、ということだと理解してもらえればと思います。

4　空港経営改革について

これまで説明してきたようなＰＰＰ・ＰＦＩに関する国の動きがある中で、航空・空港分野がどう位置づけられてきたかということですが、民主党政権下の二〇一〇年五月、国土交通省所管分野の成長戦略を策定するために国土交通省成長戦略会議が設置され、その中で海洋や観光といった分野と合わせて航空分野についても議論されたのですが、羽田の国際化やＬＣＣの参入促進といった

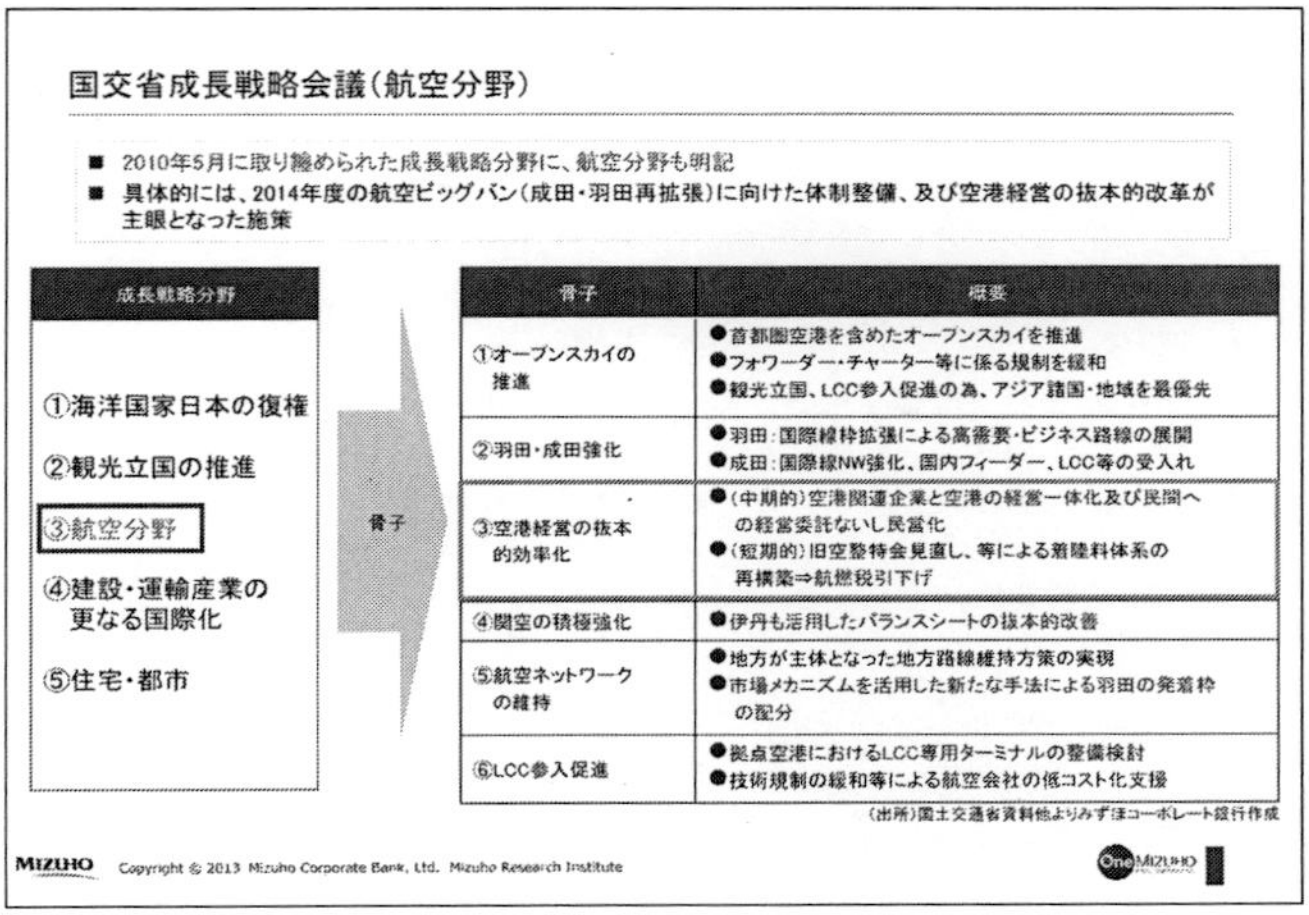

テーマに加えて、空港経営の抜本的効率化についても取り上げられた、というのが本日のテーマのひとつの契機になっています（図：国交省成長戦略会議（航空分野））。

会議の報告書では、中期的なテーマという形で、空港関連企業と空港の経営一体化及び民間への経営委託ないし民営化ということが掲げられていますが、ここで言う空港関連企業と空港の経営一体化というのが何なのかということについて、少し説明させて頂ければと思います。

皆さん、ご存じの方もいるかもしれないですが、日本の空港運営を誰が担っているかということについて示したのが図：各空港の管理区分の現状になります。成田国際空港や中部国際空港、あるいは関西国際空港については、それぞれの空港を運営する会

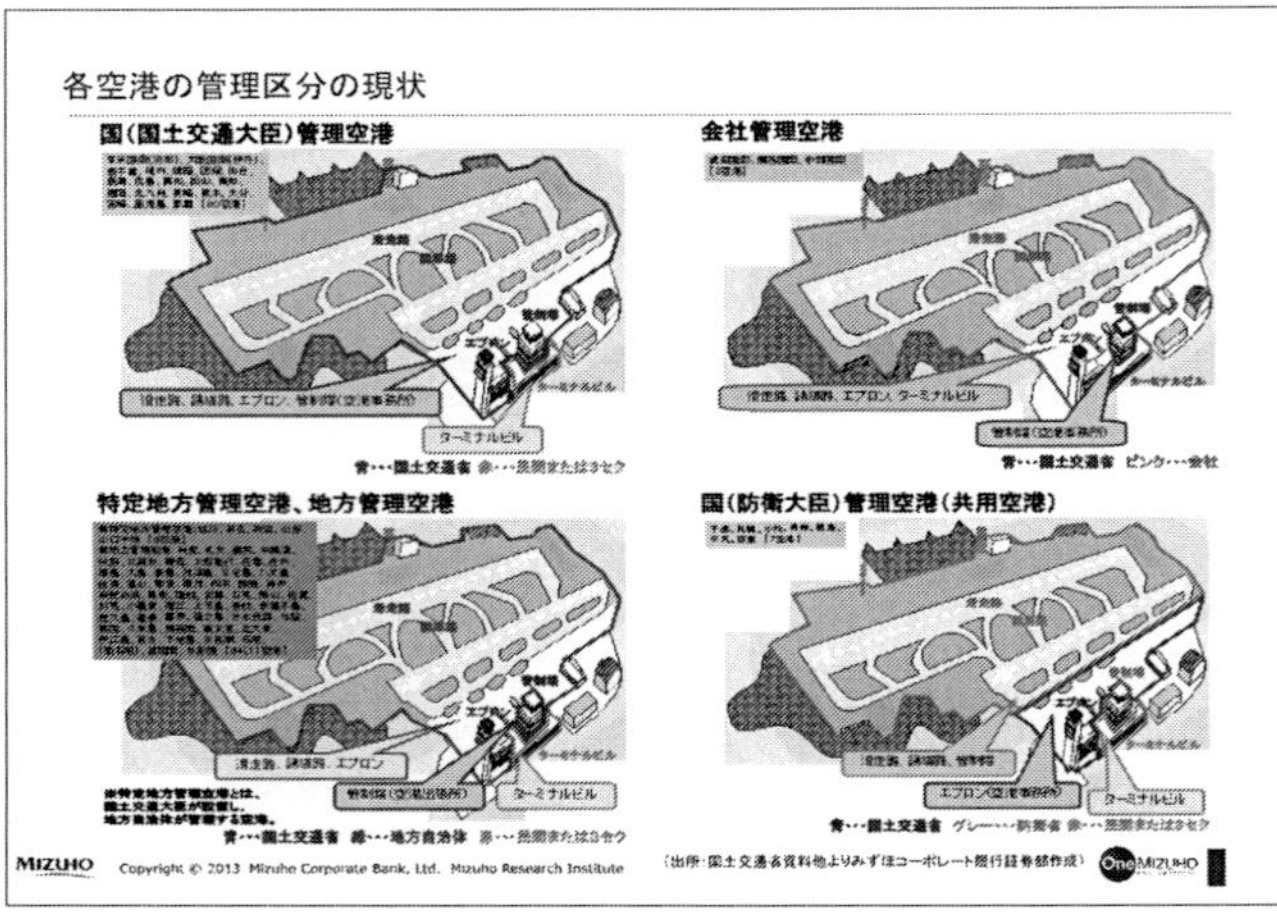

社が存在します。一方、本日のテーマである空港経営改革の対象になっているのは国管理空港と呼ばれる空港でして、左上の図になりますが、皆さんがいつも利用している旅客ターミナルビルというのは民間会社が運営しているのですが、飛行機が離発着する滑走路や、誘導路などの空港基本施設は国が管理しており、いわゆる上下分離になっていることが特徴です。これには色々経緯もあり単純な評価はできないのですが、実際海外では右上のような一体運営が一般的という実態もあり、空港運営という観点では非効率ではないか、というのが国の検討会等での評価になっています。

例えば空港の場合、エアラインにこの空港を使って欲しい、というようなセールスをしていく必要もありますし、その際に空港使用料をどうするかと

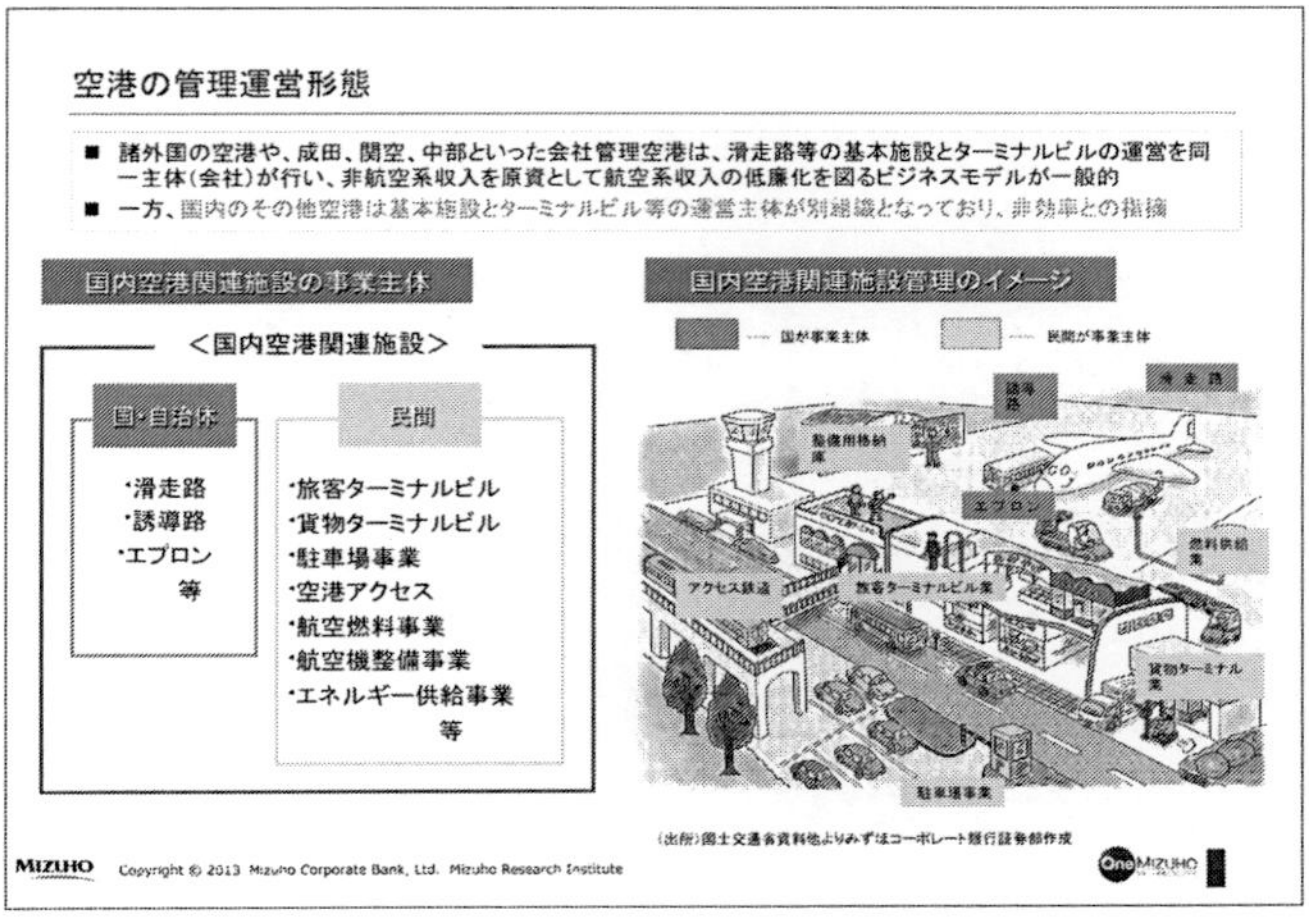

いったことも検討しなければいけないわけですが、空港としてそういった戦略を描いていく上で、上下分離という状況がひとつの阻害要因になっているのではないかと言われているということです。

また、これは国側の事情ということではあるのですが、どうしても基本施設の運営というのは不採算になりがちで、大体の空港は赤字になっているというのが実態ですので、国としては、民活によって基本施設の運営も効率化していきたいという、財政面での思惑もあるというのがこの話の背景になっているということかと思います。

図：空港の管理運営形態では、もう少し具体的に国管理空港の運営がどうなっているのかということを示しているのですが、滑走路、誘導路、エプロン、といったところが国の管理している施設になり

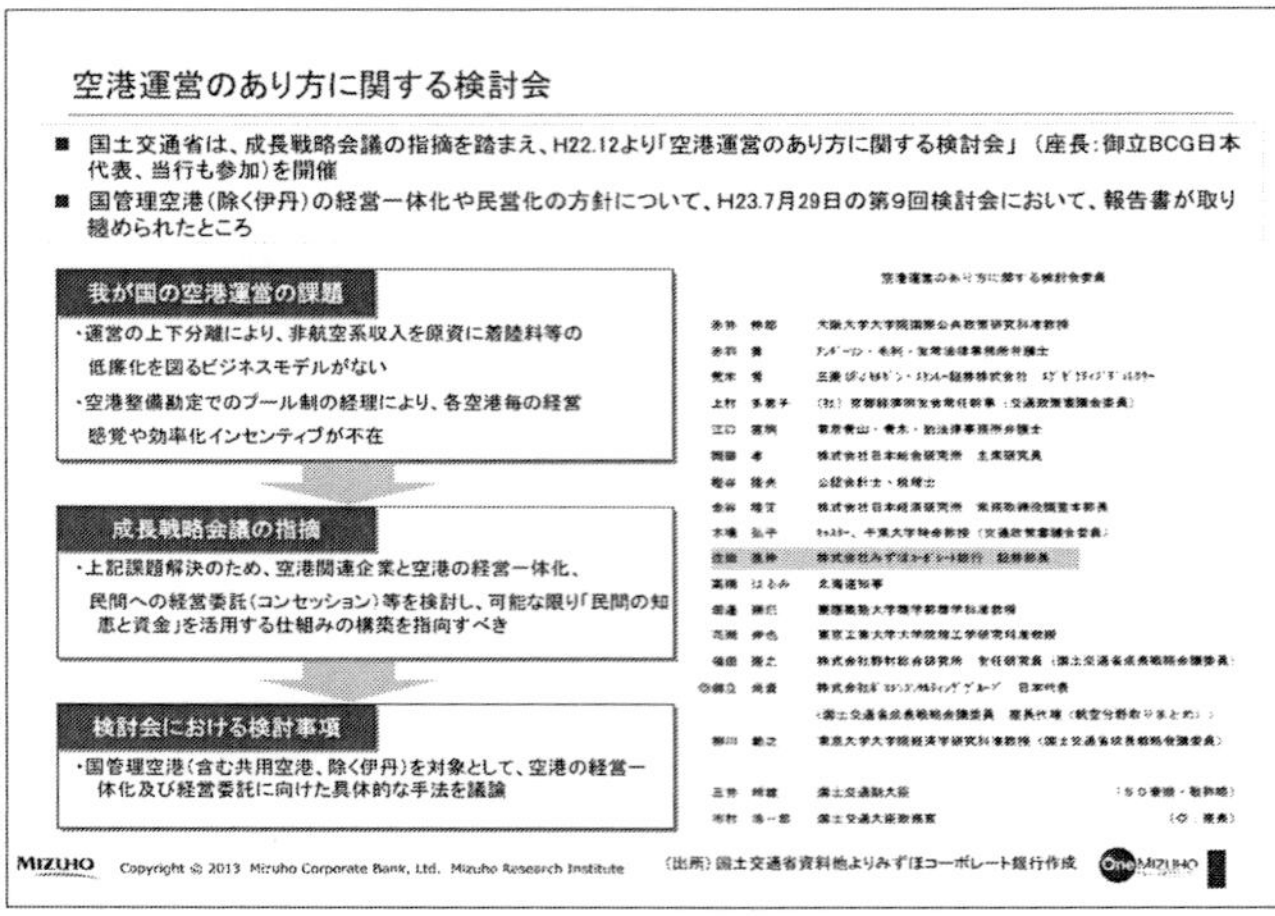

ます。それ以外の部分、ターミナルビルや燃料施設といったところは、民間が運営しています。

さて、先ほど申し上げた成長戦略会議での議論を踏まえて、国土交通省で平成二三年七月まで「空港運営のあり方に関する検討会」が開催されました。少し宣伝になってしまうのですが、当行も委員として参加させて頂いていて、空港経営改革の具体的方策について、主に金融機関の目線からということになりますが、色々議論させて頂きました。この検討会の報告書で、先程からたびたび申し上げているコンセッションというものを基本に、空港の経営一体化ないし民営化を進めていくということが謳われています（図：空港運営のあり方に関する検討会）。

その後、実際の動きがどうなっているかということなのですが、新聞で仙台空港は民営化第一号にな

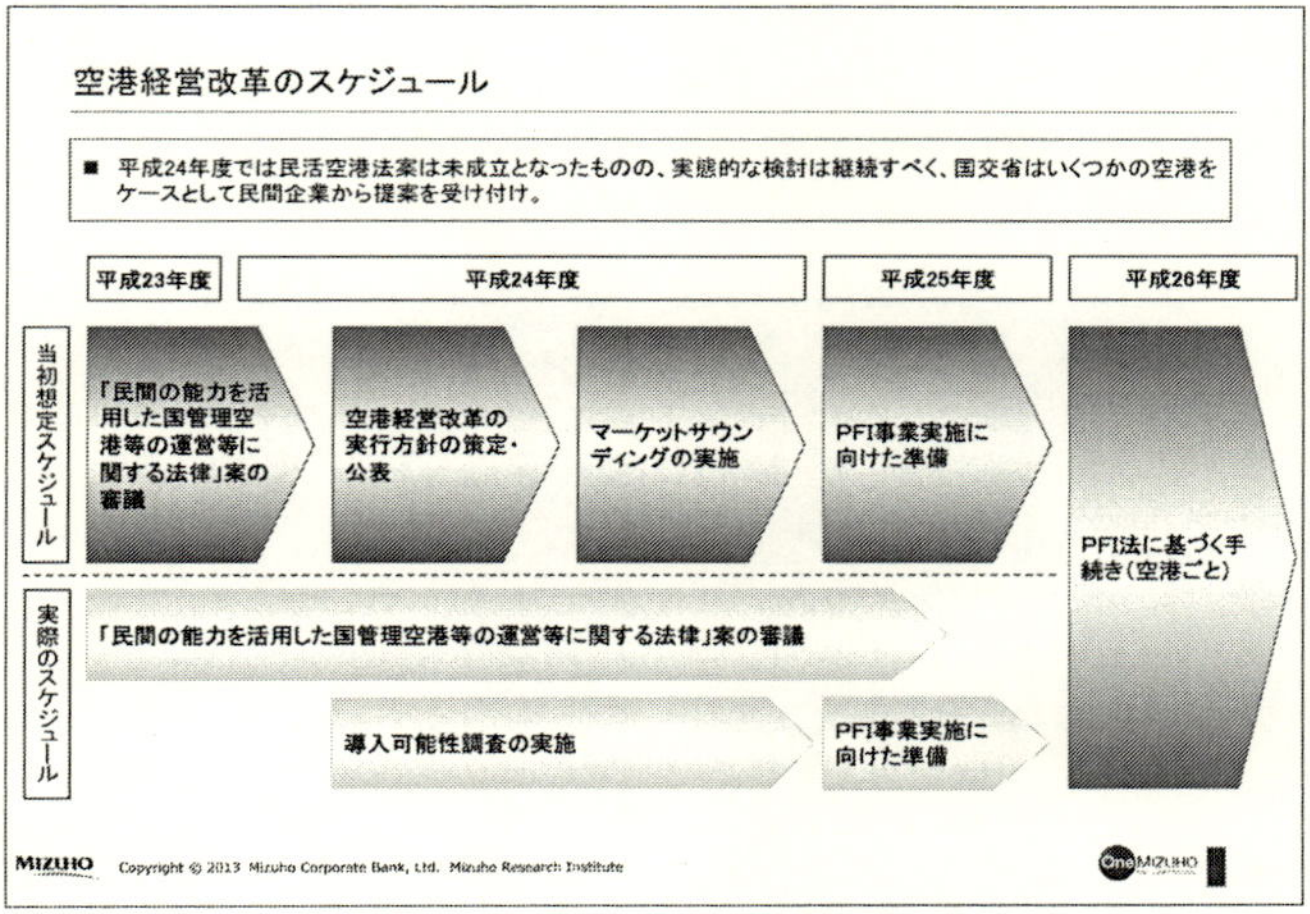

るとか、関西国際空港は六〇〇〇億から八〇〇〇億円で民間に売却されるとか、そういった記事をご覧になっている方もいらっしゃると思うのですが、あり方検討会の提言を受けて、空港のコンセッションを可能にするための法律が提出されまして、民主党時代はなかなか法案が成立しなかったのですが、平成二五年の六月一九日にやっと成立しまして、法制面の整備が整うことになりました。

　法案成立を踏まえて、先ほど申し上げたような個別の空港にどう手をつけていくかという準備が行われていて、具体的には平成二六年度にコンセッションに向けた実際の手続が開始されようとしています(図：空港経営改革のスケジュール)。空港運営の民間委託ということ自体も新しい取組みではありますが、コンセッションという制度の導入自体も、他の

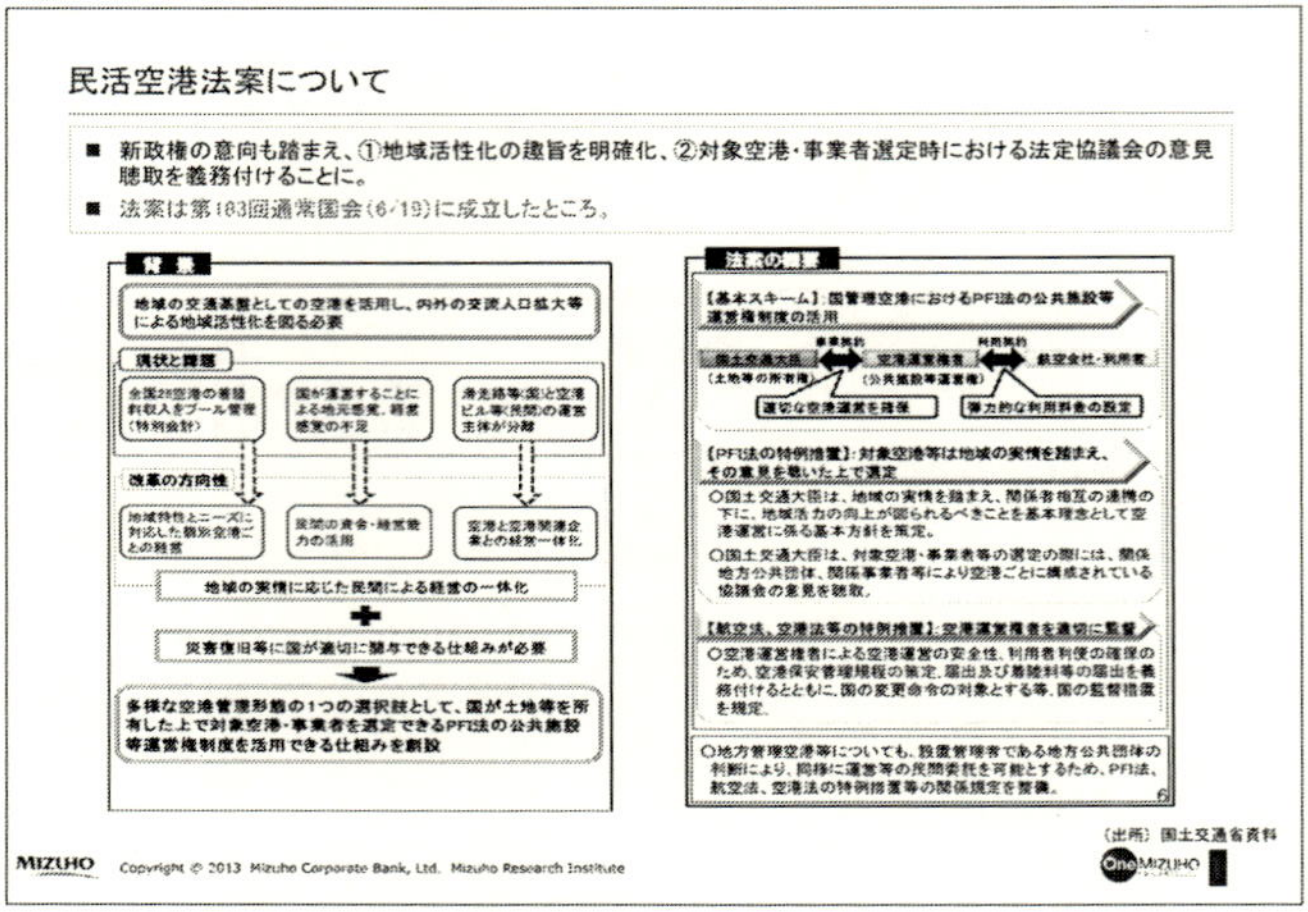

インフラも含めて、空港がおそらく先行事例になるだろうということで、色々な観点から注目されているところです。

上の図は今申し上げた民活空港法の概要ですが、自民党政権になってから一部法案の内容が修正されており、具体的には、今回の空港経営改革が地域活性化を目的としているということ、実際の経営委託にあたっては地域の自治体や事業者から構成される法定協議会の意見をよく聞くこと、といった地域のインフラとしての空港という位置づけが明確化されたということが特徴かと思います。

国管理空港ということではありますが、あくまで地域のインフラであるということに十分に配慮しながらやっていくということで、空港の価値向上はやはり後背地の経済力や観光地としての魅力向上とい

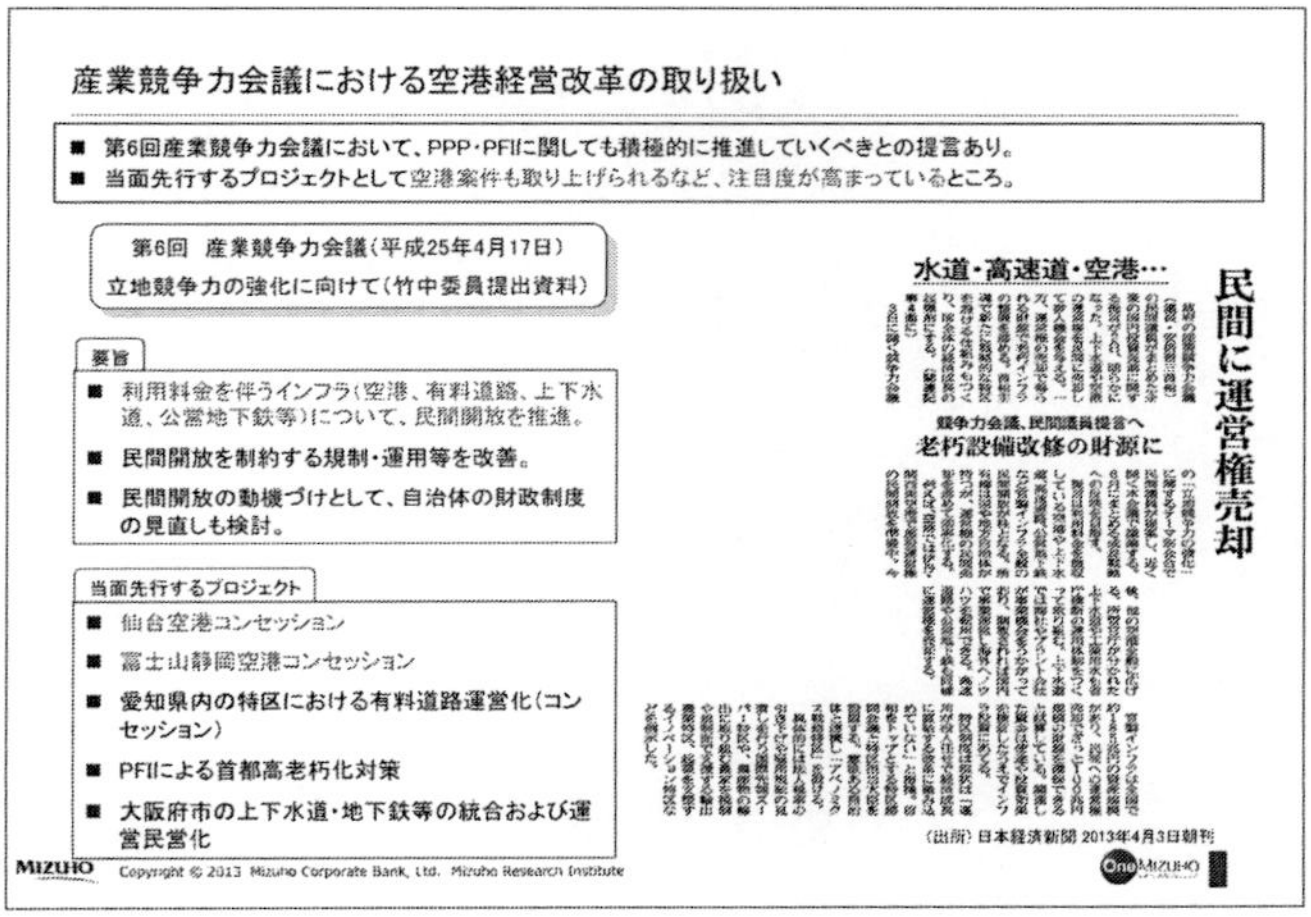

うことと切り離せないものですから、普通の不動産などとは違うというところをよく認識する必要がある、ということだと思います。

ここで少し繰り返しになってしまうのですが、産業競争力会議における空港経営改革の取り扱いということで、当面、先行するプロジェクトとして、仙台空港や富士山静岡空港の名前が挙げられています。ほかにも道路や上下水道の名前も挙がっていますが、やはりその中でも空港の注目度が非常に高いということかと思います（図：産業競争力会議における空港経営改革の取り扱い）。

阿部　先ほど図：各空港の管理区分の現状（九〇頁）を使ってご説明しましたが、皆さんが空港というと、多分、滑走路とかがあって、そして空港に入られるとお店や保安検査場などがあって、それを抜けていくと搭乗口の近くで待ってから、海外等に行かれるはずです。飛行機に乗り込むと飛行機がバックして、誘導路をゆっくり走っていって、滑走路から飛び立つという感じだと思います。

皆さんが空港を認識されるとき、多分空港を全て一体的に捉えていると思います。実は、ほとんどの我が国の空港は、お土産を買ったり、お茶を飲んで待ったりする、空港ターミナルビルと言われているものと、滑走路や、あと、先ほど高橋が申し上げたエプロンといって、飛行機がとまっているところを運営している主体が別であるということです。具体的には、ターミナルビルは、民間の会社が運営しています。日本で一番大きな羽田空港でも同じです。「ビッグバード」とよばれる大きなターミナルビル施設がありますが、日本空港ビルデングという上場会社が運営しています。滑走路等々の部分、これは国土交通省、つまり国が直接公共事業として管理、運営しています。このような特殊な運営形態になっているということをまずご認識をして頂くのが重要かと思います。

空港を上から見たときに、我が国では図：**各空港の管理区分の現状**（九〇頁）の会社管理空港に書いてあるように、全部を一体的にやっている空港は成田国際空港、中部国際空港、関西国際空港、の三つしかないということです。ただ、世界の空港、例えば英国のヒースローや、フランスのシャルル・ド・ゴール、シンガポールのチャンギ、韓国の仁川等、有名な空港なので皆さんも名前を聞かれたことがあるかもしれませんが、これらの空港は一体的に運営されているということです。我が国は、過去の特殊な事情があって今のような運営形態になっていて、空港の大部分を占めている、図の面積を見て頂いてもわかるように、滑走路等の基本施設がほとんどですが、この大半の部分の管理運営を国が一手に行ってきた空港が多いということです。空港は滑走路等も三〇〇〇メートル、場合によっては四〇〇〇メートル級の長さになりますので、とても大きくて、具体的な例では、羽田空港は全体の面積で大体渋谷区とか千代田区の行政自治区全てが入ってしまうぐらいの大きさと言われています。このような巨大な施設の大半を国が運営しているわけですから、これを運営するのには莫大なお金がかかりますが、運営費を賄い切れるほどの収入がなくて、先ほど高橋が申し上げたように大半の空港の基本施設が赤字であるのが実態です。この状態をどうにかしていこうということで、図の下の方の小さな部分、つまり空港ターミナルビルは、実は皆さんがお土産等を買って頂いたり、ご飯を食べたりとかすることで、大変儲かっている空港が多いと言われています。そこで、何とかこのターミナルビル部分の利益で基本施設の赤字を賄えないかと、簡単に言えばそのようなことです。ただ、全ての空港がターミナルビル部分の利益で基本施設を賄えるわけではないので、そこについては上手に工夫していきながら考えていくということです。

今、申し上げたようなこと、つまりなるべく一体的な空港運営形態に近づけていく考え方を導入できませんか、ということを目指していると言い換えられます。空港のあるべき姿は、やはり一体的な運営形態だと思います。皆さんも、空港と言われれば、普通空港全体をイメージされると思いますので、こういう形にできないかなということを、模索していると理解して頂ければいいのかと思います。

具体的に国管理空港と言われている、羽田や、関空と統合する前までの伊丹、福岡、那覇等、国内で拠点空港と言われている空港は国管理空港、つまり国が直営で管理、運営しています。

これらの空港を民間に開放していき、よりアクティブに競争力を高めていきながら空港の魅力を高めていきましょうということを模索していて、それを実現する手法として、先ほどから高橋が繰り返し申し上げているコンセッションを使って、上手に空港の魅力を上げていきたいということです。

空港は、空港だけがあっても仕方がなく、関西経済圏を例にすれば、大阪の都心部に近いところに伊丹と関空があり、それとは別に神戸空港もあるわけですが、それぞれの空港の後背圏には、観光資源でもあり、都市圏でもある、例えば神戸、大阪、京都、奈良等があるわけです。空港はこうした場所に行って頂くための手段・拠点であるわけで、空港の魅力を高めていくことによって、例えば海外の人がたくさん来るようになったりとか、逆に日本の人も海外に出て行くときの手段として使い勝手がよくなるということで、空港の利用者が増える可能性が高いわけです。利用者が増えれば当然そこにお金が落ちますので、収支もよくなってくる。収支がよくなれば財政もよくなっていく。こうした好循環を生み出していこうということを考えているのだとご理解を頂ければ幸いです。若干語弊があるのは承知の上で申し上げていますが、大まかに趣旨をお伝えすると、今まで申し上げてきたことです。

逆に、今まで我が国は行政の方々が握られてきた権限というのがすごく強い国とも言えます。これは個人的な意見ですが、せっかく日本は一億二〇〇〇万、三〇〇〇万も国民がいるので、そこには様々な知恵やアイディアがあって、色々なノウハウが散らばっているわけですが、それらを活用することなく一部の行政の人だけの世界で完結しているのは非常にもったいないと個人的には思います。空港を利用しているのはここにいる皆さんをはじめ、国民の方々ですから、そこをいかに一番よい形で使っていけるようにするためには、利用者である国民の意見を広く取り入れていくのがよいのではないかと個人的に思っていますが、日本は今までそれがなかなか制度上、やりにくい国だったということです。

それが、先ほど高橋が申し上げたように、空港について言えば、六月一九日の国会で、今まで私が申し上げたようなことがやりやすくなるための法律が参議院でも通過したばかりで、いよいよ官

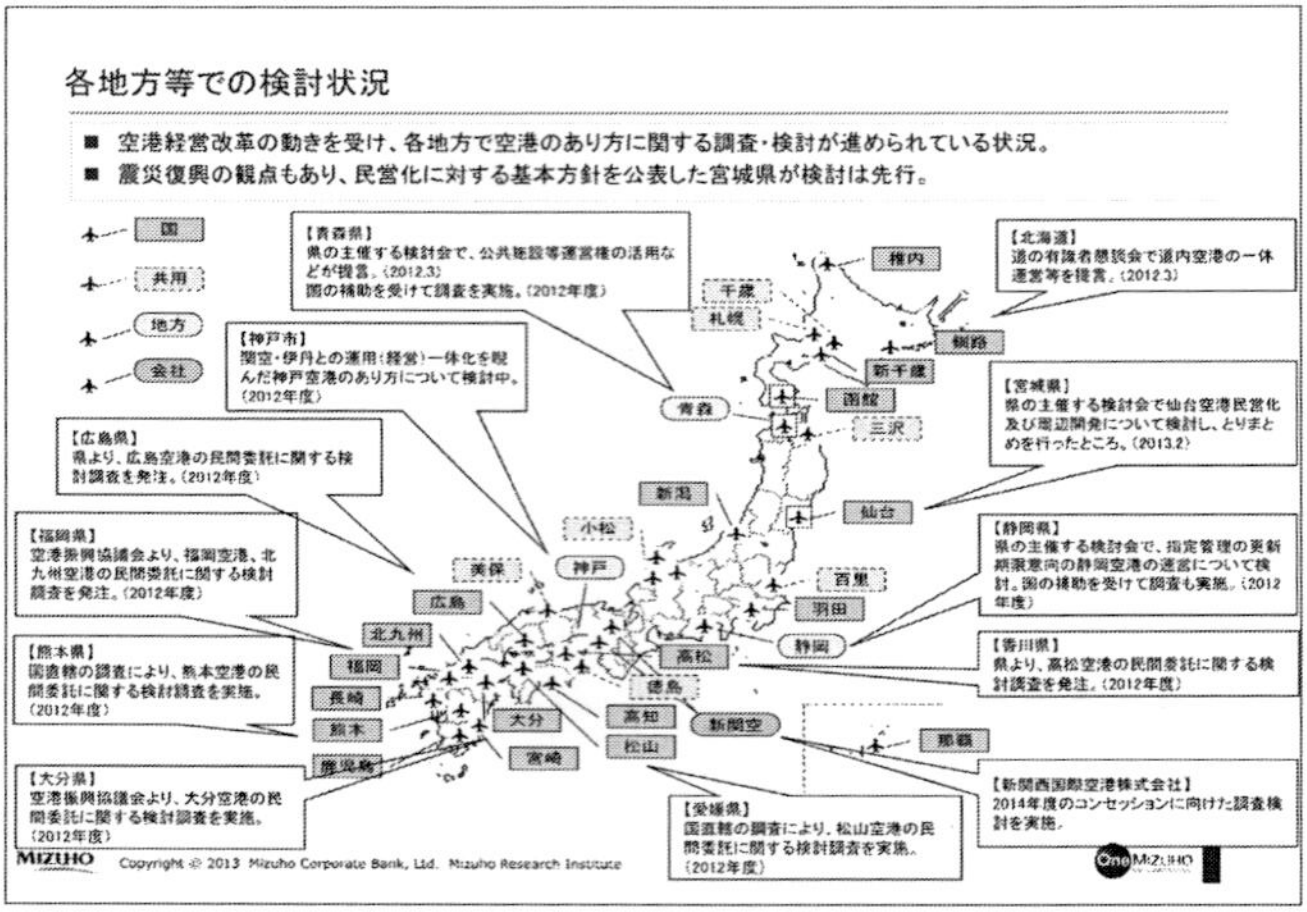

と民の垣根をとって上手に新しいアイディアを導入していくことができるスタート地点に立てるようになったとご理解して頂ければわかりやすいと思います。少し補足までにご説明致しました。

5　個別空港の動向

ここでは具体的に各地でどういった検討がなされているかということを記載しています（図：各地方等での検討状況）。当然、各自治体も今まで地元の空港をどうやって活用していくかということは色々考えてきていらっしゃる訳ですが、国管理空港は国が基本施設を所有しているということで、地元自治体が直接空港運営に携わっている訳ではないので、どうしても国に対してこうして欲しいといった要望を出すといった形にならざるを得ない部分があるわけです。それがここに来て法案が成立して、先ほど説明したように地元の意見をよく聞いた上で民間への経営委託を考えていくという話になってくると、地元として空港をどう位置づけていくのかということを改めて整理していかなければいけないということで、各地で色々調査をしたり、検討会を開いたりといった動きが出てきているということかと思います。

コンサルであるみずほ総研などは、こうした調査を受託して、空港の将来像や実際に民間委託する際のスキームなどの作り込みをお手伝いさせて頂いているということです。

特にこの中で検討が進んでいるところは、先ほども申し上げましたように仙台ということになろうかと思います。仙台については、震災復興という観点から、周辺開発も含めて空港を核にした復興を図っていきたいという地元の思いもあり、平成二六年度には実際にコンセッションの選定プロセスに入っていくという状況にあります。

もう一つ検討が進んでいるのは関空ということかと思います。これは今までご説明した国管理空港とは別の枠組みで動いているのですが、新聞記事でも報道されたように、六〇〇〇億から八〇〇〇億円といった非常に規模の大きな話になっています（図：関空・伊丹のコンセッションに向けた検討状況）。皆さんご存じないかもしれませんが、関空は海上空港ということで、特に二

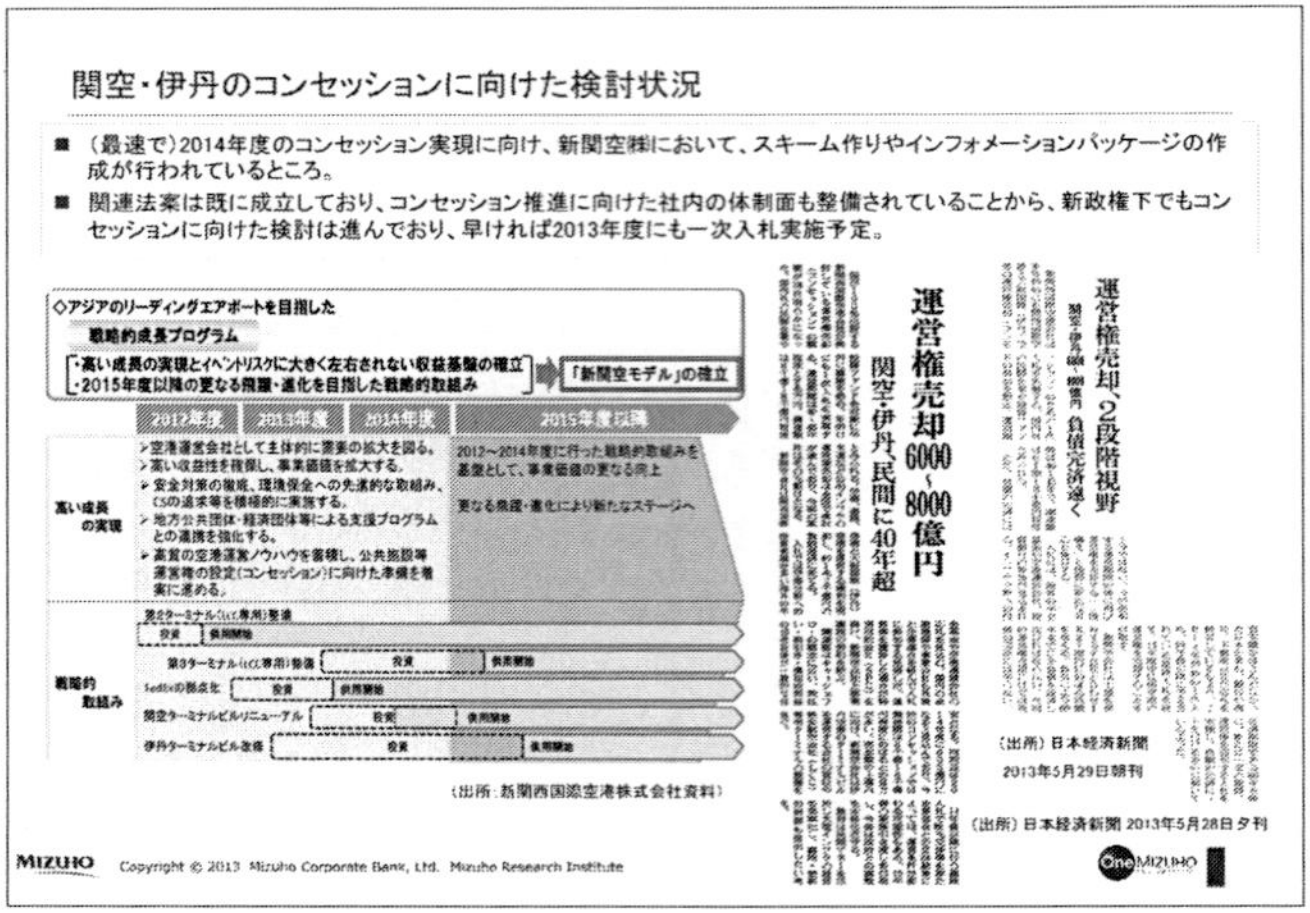

期島の造成に相当な費用がかかっており、今、経営は良くなってきていますが、債務負担が重くてなかなか身動きが取れないという状況が続いていました。そんな中で、コンセッションを活用してなるべく借金を早めに返してしまって、機動的な空港運営を行っていこうという話が出てきているというわけです。実際には一・二兆円の借金があるので、六〇〇〇～八〇〇〇億円ではまだ足りないのですが、いずれにしても今年度には民間事業者の選定プロセスに入っていくと言われていまして、海外の空港オペレーターも含めて、色々な人たちが関心を持って見ているという状況にあります。日本のインフラを海外の事業者が直接運営するというのはこれまでそれほど事例もないので、国としても、外資の取り扱いをどう考えるのか、これは国管理空港も含

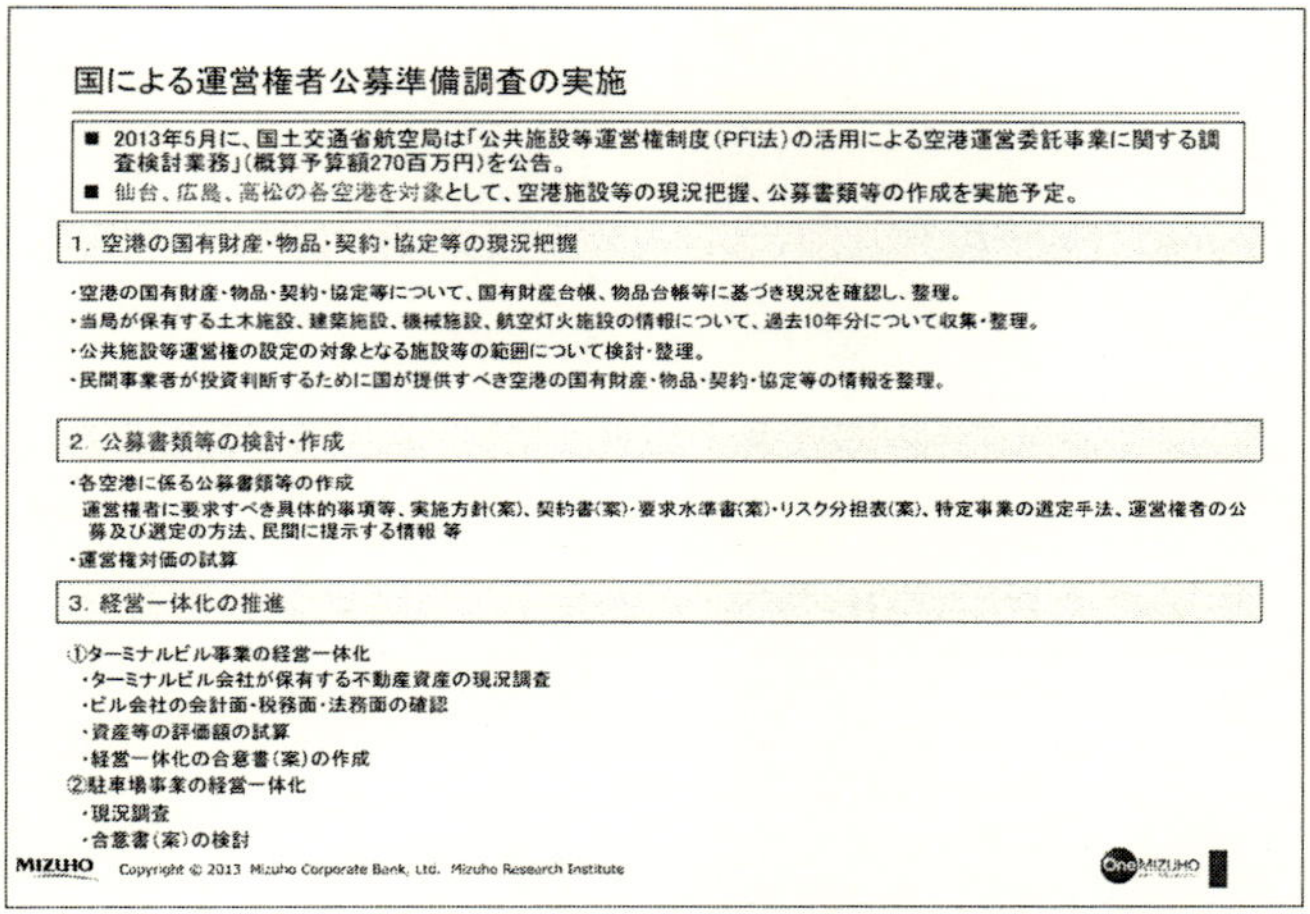

めてですが、ポイントになるのかなと思っています。

さて、ここで、先ほど申し上げた仙台空港等の入札プロセス開始に向けて、実際にどういった準備がなされているかということなのですが、繰り返しになりますが、空港基本施設は国が管理しており、これは皆さんになじみのある企業会計ではなくて、公会計の世界の中で管理されてきています（図：国による運営権者公募準備調査の実施）。公会計のままでは、民間事業者として本当にそれが採算に合うのかどうかといった判断ができないので、民間がきちんと投資判断できるようにするための、デューデリジェンスといいますけど、実態を詳らかにしていく作業がまず必要になるということで、このような業務を今、監査法人などに委託して整理しているという状況にあります。

二番目の公募書類の検討・作成というのは、特にコンセッションの場合、単純な民営化と違って、所有権は国が持ったまま民間に経営委託するという形になりますので、何かあった時のリスク分担や費用分担というのは、オーダーメイドに契約で決めていくというところが特徴になります。これはある意味では柔軟な設計が可能になるということですが、一方、これまでにない話でもあるので、制度設計を十分詰めていく必要があるということで、こちらも今、作り込みのための作業が行われているところです。

第一号案件と目される仙台空港などは特に、基本施設の収支は赤字で、空港ビルも震災の影響を受けていますので、実際に民間委託といっても、きちんと収支が回るのかという問題があります。例えばリスク分担や費用分担について、国がある程度負担するといったスキームにしなければ、なかなか案件が成立しづらいとも考えられるので、今後、民間と国の間で、どういったスキームにするかといった対話がなされていくということかと思いますし、我々も金融機関として、どういう条件ならばファイナンスがつけられるのかといった議論を行っていく必要があると思っています。

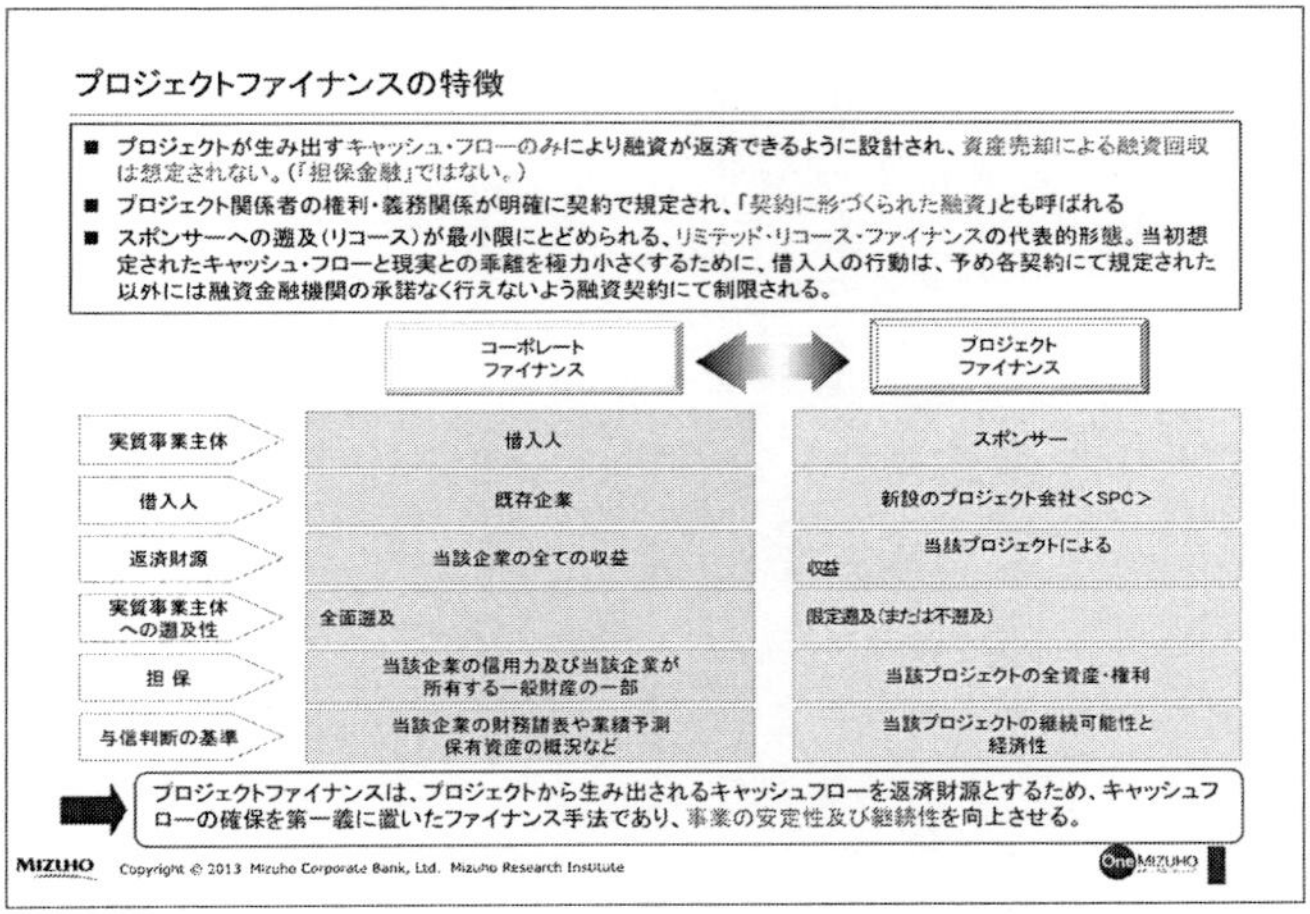

6　PFIとファイナンス

それでは、実際にファイナンスをつけるとして、どういう手法が使われているかということなのですが、皆さんが普通想像するような、銀行が会社に対してお金を貸すコーポレートファイナンスと違って、PFI事業では通常長期資金が必要になりますので、一般的にはプロジェクトファイナンスと言われる手法が使われています（図：プロジェクトファイナンスの特徴）。これは、個別プロジェクトのキャッシュ・フローに限定することで予測可能性を高めて長期資金の提供を可能にする仕組みなのですが、その際、債権者のガバナンスというような言い方をしますけど、資金の出し入れなど、色々なルールを設定して、会社の行動を制限することになります。

ＰＦＩ事業を発注する公共主体にとっても、ＰＦＩ事業以外のところで事業者が失敗して、ＰＦＩ事業自体が上手く行かなくなるというようなことは避けたいので、事業の安定性を担保するためにも、プロジェクトファイナンスのような形で金融機関によるガバナンスを効かせることが望ましいという判断もあります。

実際に金融機関、特に銀行のような貸し手にとっては、民間委託で収益が飛躍的に向上しても、その分の利益が株主と違って還元されてくるわけではないので、基本的には確実に資金が返ってくるかどうか、というのが何よりも重要になります、そういった意味で公共主体と金融機関の考え方が似ているところがありますので、プロジェクトファイナンスという手法がなじみやすいという風に理解してもらえればと思います。

ここで、ファイナンス目線で見た空港の特徴ということで、空港における主な収入源を記載しています（図：空港における主な事業収入）。一見して分かるように、空港事業の特徴としてはまず様々な収入源があるということが言えるのではないかと思います。

空港施設利用料、ＰＳＦＣと言いますが、これはターミナルの整備にかかった費用等を旅客から徴収するための料金でして、基本的に航空運賃に含まれていて、エアラインが代行徴収した上で

空港における主な事業収入

経理区分		PSFC経理	A/L使用料経理			コンセッション経理		駐車料金経理
収入区分		旅客取扱施設使用料(PSFC)	A/L事務所等貸付料	搭乗橋(PBB)等使用料	手荷物取扱施設等(BHS)使用料	テナント・事務所賃貸料	直営店売上	駐車料金
負担者 空港利用者	航空旅客	●(出国者)					●	●
負担者 空港利用者	その他利用者						●	●
負担者	航空会社		●	●	●			
負担者	構内営業者(テナント等)					●		
備考			航空会社オフィス等			免税店、飲食・物販施設等		

・複数の収入源かつ収入区分により異なる負担者
・航空旅客等の空港利用者他、各負担者毎に異なる需要動向
・コンセッション経理、駐車場経理は負担者の属性も影響

→ 航空需要予測が重要（旅客数・便数）

(出所)国土交通省H.P.よりみずほコーポレート銀行作成

空港ビル会社が最終的に受け取るというような仕組みになっています。皆さんあまりそういった料金があるということは自覚されていないと思うのですが、関空の場合は国際線で二〇〇〇円ぐらいだったと思いますが、皆さんが関空から海外に行く時に、二〇〇〇円は関空に払っているということです。

そのほかにも空港ビル会社はエアラインの事務所や飲食店などにスペースを貸していますので、その賃貸料でしたり、あとは飛行機に乗るときの搭乗橋、ボーディングブリッジと言いますが、これの使用料というのも個別にエアラインから徴収していたりします。あるいは空港自身が直営店を運営しているケースも多いので、そういった直営店の売上げもあったりということで、空港は収入源が多様で、かつ顧客もエアラインだけでなく、一般の旅行者でし

マーケットリスクの比較～主な交通インフラ

■ マーケットリスクを伴う、独立採算型PFI向けファイナンスは類型に応じたマーケットリスクの違いを理解し、需要予測をベースにそれをいかに「消化」するかが重要。

		高速道路	鉄道	港湾（コンテナターミナル）	空港
ユーザー		一般個人・事業者	一般個人	事業者	一般個人・事業者
収 入		通行料金	運賃（含む定期運賃）	貨物取扱料金等	PSFC 施設使用料 賃料等
需要変動		通行台数	乗客数（定期・定期外利用者）	コンテナ取扱量 就港便数 等	航空旅客数 発着陸便数 商業需要 等
競合	地域	地域独占（一部鉄道、一般道と競合）	地域独占（バス、自家用車と競合）	地域独占	地域独占
	国際	なし	なし	主要港湾はあり	主要国際空港は一部あり

・事業者は一般個人に比べて経済合理性に基づき判断する傾向が強く、需要の予測可能性は高い
・収入構造がシンプルであればあるほど需要の変動要素は少ない
・地域独占かつ国際競争に晒されない（または国際競争力の高い）事業ほど需要は底固い、等

MIZUHO One MIZUHO

たり、テナントであったりと、複雑な構造になっているということが特徴です。

　他のインフラ、高速道路などと比べるとわかりやすいと思いますが、高速道路は基本的に高速道路料金が主な収入になりますので、交通量の予測と高速料金が決まれば、大雑把に言えばある程度収入は読めるということになります。空港の場合は、今申し上げたように収入が複雑な構造になっているので、ファイナンス目線で言うと、キャッシュ・フローが読みにくい、つまり長期資金の提供にはそれなりに工夫が必要ということになります。

　図：マーケットリスクの比較～主な交通インフラは他の交通モードと比べた空港の特徴なのですが、一番下の括弧の中にも書いている通り、金融機関的な目線で言うと、事業者は一般個人に比べて経済合

理性に基づいて判断する傾向が強いので需要の予測可能性は高いのですが、旅客はリスクイベントが発生するとガクッと需要が落ち込んだりするなど、相対的に予測可能性が低いと言えます。

また、収入構造については、先ほど申し上げたようになるべくシンプルな方が予測可能性が高くなるのですが、空港の場合はなかなかそうもいかないということが言えると思います。

もう一つは、独占性が高く、他の交通モード、例えば新幹線等との競合可能性が低いほど、需要は安定するということですが、特に国際空港の場合などは、他の国内空港だけでなく海外の空港も含めた国際競争という側面もありますので、アジアのハブを仁川空港に奪われている、なんて書かれたりすることもありますが、そういった、鉄道のようなドメスティックなインフラに比べて色々な競合の可能性があるという意味でも、やはり金融的には難易度が高い、あるいはチャレンジしがいがあるということが言えるのではないかと思っています。

最後に具体例ということで、羽田の国際線ターミナルＰＦＩ事業について簡単に説明させて頂ければと思います（図：空港ＰＰＰ／ＰＦＩ事業事例）。羽田の国際線ターミナルの事業主体は、一般の事業会社と違って、この空港ターミナルの運営のためだけに設立されたプロジェクトカンパニーでして、三〇年という事業契約の中で、国から国有財産たる土地を賃借した上で運営しているというのが特徴です。空港ＰＦＩ事業に対するプロジェクトファイナンスということで、今後空港

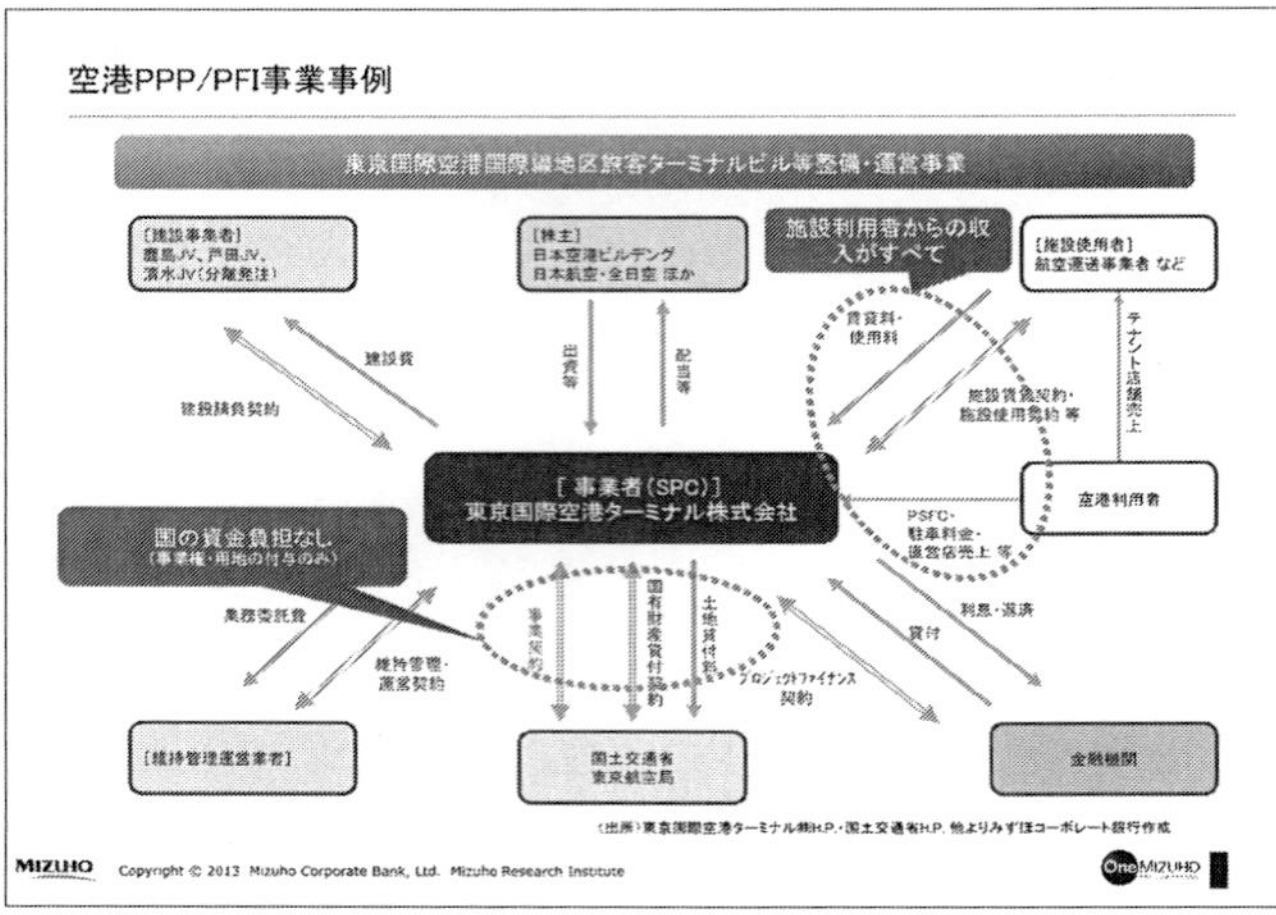

民営化を考えていく上でも参考にし得る先駆的な事例だったわけですが、羽田の場合は皆さんもご存じのとおり、基本的に需要後追いで供給能力を上げてきている空港ですので、先ほど申し上げた空港の需要をどう読むかという観点では、比較的分かりやすい事例だったとも言えます。

今後仙台空港も含めて色々な空港の民営化事例が出てくると思いますが、その際に、やはり羽田の時と比べて需要をどう読んでいくかといったところは難しくなってきますので、国とのリスク分担のあり方も含めて、よく制度設計を詰めていかないと民間としてもなかなか手が出せないということになるのではないかと思っています。

阿部　少し戻します。今、お話しした内容は、結構駆け足でご説明をし、しかも普段なじみのない事柄が大半だったと思います。これらは、簡単に言えば国の政策議論です。政策立案と言われているもので、そういうことの一端に我々のような者がかかわっていることの中身を少しお話したということになりますので、皆さんからしてみると、かなり遠い世界だという認識を持たれたのかもしれません。

私や高橋が普段お仕事をさせて頂いている相手方は、国、特に国土交通省です。また地方自治体、ここの近隣で言えば神戸市、大阪市、大阪府というような、こうした自治体の公務員の方々とお話をさせて頂きながら、今、民間が何を考えていて、こんなアイディアや課題を持っているので、行政の政策にうまく反映したら如何ですかというようなことのお手伝いをさせて頂いているというのが、我々の役割だとご理解下さい。それがコンサルタントと言われている仕事であったり、バンカー、つまり銀行員の仕事の一つだと理解して下さい。

私はシンクタンクで、まさに政策立案のお手伝いそのものをやっていて、高橋は元々航空局に出向したという経験を生かしつつ、ファイナンス面により焦点を当てつつ、政策立案に係る話をしているのが、日頃の業務の実情です。

私が実際にお手伝いをさせて頂いている空港もありまして、青森等があげられます。実際に県に行き、いわゆる政策提言をして、最後にとりまとめの報告書を執筆し県へ納品しています。それを受け取った県の方々が、例えば知事等の行政幹部に話を上げていって政策判断に使っていきます。こんな場面で我々民間事業者が関与しています。

私が就職活動をやったときは、本当に日本の企業がもうバタバタと倒産し、有効求人倍率も〇・四になり、とても滅茶苦茶なときで、学生時代は今のような仕事に携わるとは夢にも正直思っていませんでした。銀行に入って、普通に企業に融資をして、いろんな企業の方に触れ合ったりする中で、会社の社長の方々にお会いしながら様々な融資判断を経験していくことが、勉強になるかもしれないと思い就職活動をした記憶があります。就職後は、実際におおよそ就職前のイメージ通りの仕事をやっていましたが、ひょんなことから、銀行から国の政策部分にかかわってこいと命令され、当時は訳も分からないまま今の仕事に関与し、そのままこれを数年続けてきているというのが正直な感想です。

皆さんもおそらくテレビで報道されていることは、身近なことではなく、何か遠い世界のように感じていらっしゃることが多いのかもしれません。ただ、実は、学生時代は皆さんと変わらない生活を送っていた者が普通に社会へ出ていき、たまたま何かの縁で、今、こうやって少し偉そうに講釈をしているということです。

自分の意見や考え方を今まで申し上げてきているように、政策に反映させていくということは、自分のやったことがそのまま結果に残る仕事ですし、そのアイディアや考え方に対して、対価の報酬、つまりお金を払って頂いています。言い換えれば、お客様がみずほに頼んでよかった、阿部に頼んでよかった、高橋に頼んでよかったですということの結果として、お金を頂いている。そういった仕事をさせて頂いていますので、ＰＰＰ、ＰＦＩ業界で起きている最新の生の現場の声が非常に聞こえてきます。

特に高橋は普段国に出入りしていることが多いですし、私は地方に出入りすることが多いですが、今まで空港経営改革をテーマに話をしてきましたが、我が国の歴史から言えば、皆さんの中で公務員を目指される方には失礼な言い方かもしれませんが、行政の方は既存の今あるやり方を変えたくないという人が多いのは確かです。ただ、行政の方の意識の中であまり前向きな気持ちがないことが多い中で、我々からこれまでの既存の枠組みを変えていったほうがよいということをうまく提案しています。

私どもはメーカーではございませんので、例えば商品、ビール会社であればビール作り、自動車会社であれば自動車を作って、「自社商品です」と売り込めるわけですが、私どもには目に見える製品は何もありませんので、自分たちの頭と口で話をしていきながらアイディアを出していくしか方法がないのですが、自分で考えた提案を相手に話をし、既存の枠組みを変えていくためのお手伝いをしていくことは、プロセスとしてとても楽しいことだと思いますし、こうした仕事をやれるのであればやってみたいと思う方がいらっしゃれば、ぜひ我々の会社の門をたたいて頂ければすごく嬉しく思います。ここにいる一人でも多くの方が我々と同じようなことを草の根活動的にやっていければ、そういった動きの中で、国や自治体も動いていくのではないかと思います。我々も、本当に微力でしかないですけれども、こうした仕事にかかわらせて頂く中で、我が国が少しでもよくなればいいなと考えているところです。

ただ、もちろん仕事ですから、自分の家庭のこともありお給料も大事なことですが、それだけではなくて、働くことはお金だけの問題ではないと思っています。私もそういう意識はとても強く持っています。皆さんの中にも同じような方が一人でも増えて、今の私の話を聞いて、いずれどこかで就職活動をするときに、過去このようなことを少し話していた人がいたな、ということを思い出して頂ければとても嬉しく思います。その結果志望される業界が野村先生がメインで手掛けていらっしゃるエアラインや空港関連業界でもよいと思いますし、それ以外の業界でもよいと思います。皆さんが将来を考えていく上での一助となれば、私としてもありがたいですし、みずほとしても今日ここに来たかいがあったと思っています。

今日は、コンセッションのような難しい話をしながらも、一方で実は私たちが職業人、社会人として働く中で考えていることや、仕事の現場の雰囲気をお伝えすることで、就職を少しでも身近に感じてもらえれば幸いだと思います。今日はこのような趣旨でお話をさせて頂きました。少し駆け足ではございましたけれども、一時間強、ご清聴ありがとうございました。

7　質疑応答

野村　阿部様、高橋様、どうもありがとうございました。有益な講義、講演になったかと思います。

コメント用紙も記入して頂きながら、質問の時間に入っていきたいと思います。

私の授業を聞いてて何となくつながる部分、あるいはちょっとレベルが高過ぎると感じた人もいるかと思いますが、確認したい点などを中心に質問してください。若干つながりにくいところもあったかもしれないですが、学生レベルの質問で結構です。素朴な質問で結構です。何回生かだけ教えてもらいたいので、質問する前に明言してください。ボイスレコーダーのほうへ音を入れたいので、協力してほしいと思います。

せっかくのチャンスです。最後にお話がありましたように、社会人としていろんな好奇心を持って仕事をして頂きたいという点を、求められているのを婉曲的に私は感じとったのですが、そういう意味でも質問に入っていきたいし、就活で引っ込み思案な方、この場をトレーニングの場として使って頂いて結構ですので、どうぞ。

A　経済学部二回生です。すごく低レベルな質問かもしれないんですけど、民間側にとってのコンセッションをやるメリットがあるのかということと、もしそこで民間が競合したときにどういう対策をとっていくのかなというのが気になったのですが。

高橋　コンセッションという言葉だとイメージしにくいかもしれませんが、要するに公共が担っていた領域を民間に開放してくれるということですから、オペレーションをやりたいという会社もありますし、コンサルティング的に入りたいという会社もありますし、あるいは周辺に商業施設を建てて人を呼びこむとか、色々な観点から民間企業としては関心を持っています。

もう一つは、こういった国内でのインフラのオペレーションの実績・ノウハウを海外に進出するときに役立てようということです。海外インフラ輸出という言葉を聞いたことがあるかもしれませんが、アジアの新興国など、成長余力はすごくあるけど国家財政的には厳しくてインフラの整備が追いつかないところでは、インフラの整備だけでなく、オペレーションも含めて全部民間事業者にやって欲しいというようなニーズがあり、そういった案件を取りに行く時に、実際にオペレーションの実績があります、というのが非常に重要になってくるわけです。

海外の有力なオペレーターなどは、自国で同じような経験を積んだ上でそういったワンストップのサービスを提供しているのですが、日本の民間事業者というのは、ゼネコンなど個々の技術はすごく高いのですが、建設からオペレーションまでワンストップでやりますと言えるような会社が非常に少なくて、なかなかそういったところと勝負できないというところがあります。そういった方々からすると、国内のマーケットというのをいわば実戦経験を積む場として活用したいという思いがあるのではないかと思っています。

また、入札で競合した場合、各コンソーシアム、いくつかの事業者が手を組んで入札に参加するわけですけど、当然、そこでは誰を仲間に入れて、競争相手に勝つためにどうするかということを考えていかなければいけないというフェーズがあるわけです。

金融機関としては当然応援するコンソーシアムに勝ってもらうべく、ファイナンシャルアドバイザーという形で、コンソーシアムの事業計画をチェックしつつ、どういったファイナンスがつけられるのか、またどういったファイナンスであれば公共側から見て安心感があるのか、といったところをアドバイスして、コンソーシアムのメンバーと一緒になって案件を取りに行くというのが基本的な考え方になると思います。お答えになっているでしょうか。

野村　ありがとうございました。質問に対する答えになっていたと思いますが。それではほかの質問に移らせてもらいます。どうぞ。

B　ありがとうございます。経済学部三回生です。本日はご講演ありがとうございました。コンセッションについての質問なのですが、コンセッションは運営権の委託ということだったんですけど、そのときに株式などは国が持つのでしょうか。ＪＲのように民間に開放して投資家などからも資金を集めて、それによって運営していくという考え方は空港では取り入れないのでしょうか。

阿部　ありがとうございます。鋭い質問だと思います。まさか学生さんからそんな質問が出るとは思わなかったんですけど、結論から言うと、国が持つというよりも、民間で持っていくというのが多分前提になると思います。せっかく民間開放していくのに、それでまた国が株を持って、結局は国策の会社となると何の意味もないです。ある程度は国や自治体が株を持つことはあるかもしれませんけど、基本的には民間の発意のもとに、民間のアイディアを生かすためには、やはり民間の投資家が集まって仕事をやるというのが一番よいと思います。

片や行政は、当然、自分たちの関与もそれで薄まってしまうことは避けたいと思っているところも当然ありますので、そこの駆け引きというか、そこら辺は生々しくなるのではないかと思います。

野村　ちょっと補足させてください。私がプレゼンしたわけではないのですが、多分、質問者の意図は、コンセッションと株式売却の関係がどうなんですかという点がひっかかってると思います。関空・伊丹は株式売却が難しいからコンセッションを適用したというのが私の理解で、今の阿部さんのご回答は、本来、各空港が民間企業で株式売却して動かせばいいんだけど、動かせない場合にはコンセッションという妥協案がありますねという解釈でいいでしょうか。

実は授業で言ってますが、新関空会社を公的所有に置いた上で、コンセッションを進めるところが多分ひっかかってると思います。各空港、地方空港、仙台にしても青森にしても、これからそこが、企業価値があれば民間企業として株式売却できると思うんです。しかし、関空みたいに過去に大きな赤字が出てしまっている、あるいは将来に出そうだという場合には、公的所有の状態を維持しながら上下を一体化しつつ、その運営権だけを民間企業に売却する手法が使えます。

コンセッションは株式売却とは異なり、一種のＰＰＰではあるものの妥協案です。空港そのものは国もしくは公共が管理しつつ、運営権だけは民間企業に渡すという理解でよいのかなと思います。

高橋　会計的に言うと、運営権というのはいわゆる無形固定資産になりますので、例えば運営権が一〇〇億円であれば一〇〇億円分プロジェクトカンパニーのバランスシートの左側に載ってくる、その上で、七〇億円は銀行がお金を貸しますという時には、今度バランスシートの右側に七〇億円の借入金が載ってきて、残り三〇億円が自己資本になるということですが、その自己資本についてはプロジェクトカンパニーを組成するスポンサーの皆さんのお金が入ってきます。その際、例えば五年かけてバリューアップして、高い値段で売り抜けられればという考え方もあるわけですが、発注者たる公共主体からすればプロジェクトカンパニーの経営実態が変わるというのは困るということになりますので、株式の譲渡について、ある程度制限を設ける、国の事前の承認を要するのかどうかなどが論点になってきます。いずれにしてもＪＲやＮＴＴのような、ＩＰＯで政府株式を放出するというような話ではなくて、運営権というものがバランスシートの左側にまずあって、バランスシートの右側にあるプロジェクトカンパニーの株は民間が保有するというのが基本的な構成になっているということです。

野村　ありがとうございます。ほか、どうでしょう。簡単な素朴な質問でも大丈夫です。ちょっと今のは難しいレベルの質問に入っていましたが。

Ｃ　経済学部三回生です。本日は貴重な話、ありがとうございました。

コンセッションの話になるんですけど、国とか地方が管理している空港をできるだけ、民間が持っている形に近づけるというお話だったんですけど、それならばいっそのこと、コンセッションという形をとらずに、滑走路とかターミナルビルとか一体化して民間に売ったほうがもっとダイナミックな経営とかができたり、国からの制約もなくなると思うのですが、そういうような動きというのは、国の中で議論されたりはしないのでしょうか。

高橋　非常にごもっともな質問です。民営化した方が良いところは民営化してしまえば良いといううのは私も同じ意見ですが、民営化の場合、所有権も含めて丸々切り出すわけですから、赤字の空港だとなかなか難しいということがあります。

コンセッションの場合は、やや理想論というか理屈の世界の話になってしまいますが、リスク分担や費用分担についてある程度柔軟に設計できますので、例えば民間委託後も公共の持ち出しも含めればトータルでは赤字になる可能性が高いけれど、少しでも財政支出が減ればいいというような考え方だって成立し得るわけです。民営化の場合は公共の関与を切り離すということでそこまで柔軟な設計はできないので、収支が回らないものは回らないということになります。

ある程度メジャーな空港であれば民営化でも成立すると思いますが、二〇〇万人ぐらいの小規模な空港だとなかなか難しいのではないかと思います。

また、これはもう少しポリティカルな話になりますが、やはり空港というのは安全保障等の観点もあるので公共施設としてのステータスを維持することが重要なんだ、という考え方からすれば、国が所有権は持ち続けるコンセッションの方がよい、ということになるのだと思います。

あとは身も蓋もない言い方になりますが、新しい制度を活用したいというのはあるのではないでしょうか。今おっしゃった民営化というのもそうですけど、それ以外の、もう少し緩やかな指定管理者制度であったり、そういったところからスタートしていってもいいのではないかという考え方もあると思います。そういったコンセッション以外の手法も含めて、今後、全体パッケージとして空港をどうしていくのかという検討は国の方でもなされていくと理解しています。

野村　よろしいでしょうか。二つ目の質問と一部、重なっていたかと思うのですが、これからいろんな判断が、各空港、地方管理、国管理のレベルで動いていくので、関心持っておいてほしいなと思います。

時間も押してきたので、もし最後一人あれば受けつけますが。簡単にお願いします。

D　きょうは貴重なお話ありがとうございました。オープンカレッジ生です。

従来型公共事業とＰＦＩ事業との発注方式の比較なんですが、ＰＦＩのほうだと一括発注ということで、効率化が図れるという解釈だと思うんですが、その場合だと、一括してできる事業者といったら、やはり大きなところとかに絞られてくると思うんですね。そうなったら従来型のほうが、設計なら設計の専門でできるところ、建設なら建設、維持管理なら維持管理でできるところに分散して発注したほうが、よりコストダウンになるんじゃないかなと思ったんですが、その辺はどうなんでしょうか。

阿部　ごもっともな質問です。これ実は一括でやるといっても、実はこれは一つの会社がやっているわけではないんですね。これをやるための、例えばわかりやすく国公立大学が校舎の建てかえをするときに、それ専用の会社を一つ作って、その中にゼネコンや色々な会社を入れて、そのような形態で進めたほうが一括でメリットが出るという話です。これを分割して行うと、予算を一つ一つとっていくので、結局、積み上げると予算はこちらのほうが大きくなっているんですね。一括の場合はパッケージで外注しているので、例えばお刺身等でも、マグロとタイをばらばらで買うよりも、まとめてパックで買ったほうが安いと、雑駁に言えばそれに近い発想です。

野村　わかりやすいご説明ありがとうございました。

それでは予定の時間がきましたので、阿部様、高橋様によります産研講演会をこれにて終了したいと思います。本日はどうもありがとうございました。

あとがき

産研レクチャー・シリーズは関西学院大学産業研究所が主催するシンポジウムや講演のうち一般市民向けの内容のものについてその記録をもとに編集、刊行したものである。今回は二〇一二年に発行した『新しい空港経営の可能性――ＬＣＣの求める空港とは』『アジアとつながる関西経済――〝大粒〟の感動を世界に発信』に続く第三弾となる。

本書は二〇一三年六月二六日開催の当研究所主催講演会「我が国の空港経営改革の動向」、および七月三日開催「航空業界を取り巻く環境と日本航空の戦略について」（いずれも西宮上ケ原キャンパス）において報告された内容をもとにしている。これらの講演会は経済学部野村宗訓教授が担当の経済学部での授業「経済事情Ⅰ（エアライン・アンド・エアポート・ビジネス）」において、学外からのゲストスピーカーを招聘する講義を公開型の研究所講演会と位置付けて開催したものである。

今回のレクチャー・シリーズは、ネットワークと直接的・間接的に関連しているさまざまな産業のうち、航空・空港に的を絞ったものとなっている。実務に携わる講師の視点から、ビジネスの概要、民営化・自由化の方向性や効果について、新しい動向を交えた貴重なご意見を編集して掲載している。編集においては講師の皆様がお忙しい時間を割いて細部にわたり何度も原稿に目を通してくださった。編集をご担当頂いた野村教授をはじめとする皆様の産業研究所事業へのご尽力に心より感謝申し上げたい。

本書の刊行は関西学院大学出版会にお引き受け頂いた。刊行の労をお取り頂いた同出版会の田中直哉氏と浅香雅代氏のお二人に厚くお礼を申し上げる次第である。

二〇一四年三月一日

関西学院大学産業研究所長　梶浦　昭友

【執筆者紹介】（執筆順）

野村 宗訓（のむら・むねのり）
関西学院大学経済学部教授

中原　太（なかはら・ふとし）
日本航空株式会社　経営企画本部　経営戦略部　企画グループ
グループ長

阿部 純哉（あべ・じゅんや）
みずほ総合研究所株式会社　事業本部　社会・公共アドバイザリー部　PPP 事業推進室　主任研究員（株式会社みずほフィナンシャルグループより出向中）

高橋 芳夫（たかはし・よしお）
株式会社みずほ銀行　証券部　調査チーム

産研レクチャー・シリーズ

航空競争と空港民営化
アビエーション・ビジネスの最前線（オンデマンド版）

2014 年 3 月 28 日初版第一刷発行
2016 年 7 月 25 日オンデマンド版発行

編　者
発　行　関西学院大学産業研究所

発　売　関西学院大学出版会
〒 662-0891
兵庫県西宮市上ケ原一番町 1-155
電　話　0798-53-7002

印　刷　㈱デジタルパブリッシングサービス

Printed in Japan by Kwansei Gakuin University Press
ISBN 978-4-86283-223-8